获取
超额收益

反身性价值投资的应用

万 军◎著

中国铁道出版社有限公司
CHINA RAILWAY PUBLISHING HOUSE CO., LTD.

内 容 简 介

本书可以说是集市场主流投资理念之精华，既批判又接受了各种主流投资理念，然后紧紧抓住投资的要害，形成一张简单的投资四要素表。而反身性价值投资理念的运用就是使用反身性思想，紧紧围绕投资四要素进行合理再思考。换句话说，理念上拒绝教条主义。批判地解构后又重构主流投资理念，形成反身性投资理念。

与此同时，理念与 A 股实际相结合，形成反身性价值投资理念在 A 股的具体运用。其所附带多种投资工具图，很多工具图都是笔者原创的，都是非常实用的工具，是帮助投资决策的利器，读者可以借鉴使用。

图书在版编目（CIP）数据

获取超额收益：反身性价值投资的应用/万军著.—北京：中国铁道出版社有限公司，2022.5
ISBN 978-7-113-28891-4

Ⅰ.①获… Ⅱ.①万… Ⅲ.①投资-基本知识 Ⅳ.①F830.59

中国版本图书馆CIP数据核字(2022)第029772号

书　　　名：获取超额收益——反身性价值投资的应用
HUOQU CHAO'E SHOUYI: FANSHENXING JIAZHI TOUZI DE YINGYONG

作　　者：万　军

责任编辑：张亚慧　　　编辑部电话：(010) 51873035　　　邮箱：lampard@vip.163.com
编辑助理：张　明
封面设计：宿　萌
责任校对：孙　玫
责任印制：赵星辰

出版发行：中国铁道出版社有限公司（100054，北京市西城区右安门西街 8 号）
印　　刷：北京铭成印刷有限公司
版　　次：2022 年 5 月第 1 版　　2022 年 5 月第 1 次印刷
开　　本：700 mm×1 000 mm 1/16　印张：14.5　字数：206 千
书　　号：ISBN 978-7-113-28891-4
定　　价：79.00 元

推荐序

序一

我们所经历的事情，很少有能称得上是开创性的举措，但中国资本市场的开放，将是全球市场发展过程中，达到这一高度的重要历史时刻。

正是由于开放的进度很快，很多资金相继流入A股，随之推高了价值股的股价，吸引了一批投资人相信价值投资可以长期获利。但2021年的走势却泼了投资者一盆冷水，价值股的高增长让位于半导体、新能源等成长型股票，再一次显示了中国股票市场高阿尔法的特点。

为解释这一现象，本书将为投资者提供清晰的趋势性观察，而这些观察已经在A股市场上得到了验证。本书作者万军先生对价值投资、趋势投资、组合投资理念做了充分分析，提供了很多观察。没有一味强调趋势投资，也没有割裂基本面和趋势。

本书对于投资者和机构都很有帮助。从媒体的视角出发，最近一年，我们采访了很多有百年历史的投资机构，希望从它们身上找到长期投资的真谛。很多机构深刻观察到了本书提出的现象，并且在据此进行财富管理。基本面和反身性理论融合的方法突出了股票市场效率低下的问题。很多机构事实上在遵循本书提出的准则，在波动发生时关注基本面和趋势，确保收益和风险保持平衡，避免在缺乏市场合力时投注过多。

本书的第一篇第4章详尽地揭开了反身性理论的神秘面纱。"是什么导致股价的涨跌呢？反身性理念直白地指出，是众多参与者构成的主流偏见。换句话说，只有引起参与者观点变动的基本因素，才是推动股价变动的直接力量。至于主流偏见何时将哪些基本因素考虑得更加重要些，其实是不确定的。"万军先生提供了对基本面投资、趋势投资、组合投资理念优劣的分析，有助于我们理解绝大部分的市场波动。

我们能够从趋势和基本面角度来理解2018—2021年价值股的上涨及后来的熄火。当公募基金和私募基金共同形成了对新能源、周期股的看多偏见,市场的反身性就会让这些板块不断上涨,成为最热门的行业。

本书第二篇对市场风格进行了完美介绍。基本面分析师会综合考虑价值、成长、品质及估值等因素来评判股价的吸引力。沿着这个思路,在不同的环境下,股票会因为不同的因素被过多关注而形成不同的趋势。作为正在经历价值股震荡市和新能源牛市的投资者来说,可以利用这些理论识别出哪些应该淡然面对,哪些或许有进一步的机会(写此序言时是2021年11月份,价值股震荡了8个月,新能源上涨了8个月)。通过这些角度,本书使普通人也可以更加深入地理解反身性理论。这些方法可以应用于各个市场,包括牛市、熊市和结构市。

自从提出反身性理论后,趋势策略就处于不断进步之中。以基本面为基础的趋势投资和主题投资是目前世界范围内广泛采用的投资方法。万军先生以见多识广的从业者的视角展开这个话题,不仅解释了为何需要关注趋势,还不断地用正在发生的案例进行推演。

作为一家见证中国资本市场一路发展的媒体,在过去的19年中,我们一直在关注本书中所描述的这些现象。中国股市的影响力在不断提升,这本书为投资者提供了一个宝贵的框架,用于度量投资策略的收益可能性。我们很荣幸成为这一领域的推荐者,有了这本书的帮助,我们期待着将这种对话继续下去。

李健(《证券市场红周刊》新闻主管)于北京

2021年11月8日

序二

"有人就有江湖,有江湖就有门派。"张磊说,"A股江湖",但凡精通飞镖、羽箭者,都有自己的一席之地。

A股诞生至今,只有短短的30多年,相比200多年历史的美股,还是个后生。美国股市理论及流派对A股影响极大,中国投资者也有着清晰的风格烙印。

A股门派众多,早年分成技术派、基本面派两大阵营,如同金庸笔下的少林和武当。在2007年之前,或者说个人投资者势力明显占优的阶段,技术分析是炒股工具的主流。

道氏理论、江恩理论、波浪理论等华尔街投资经典,至今仍在书店金融角占据一席之地。可是,现在的股民口头上已经很少谈论技术面了。

技术分析尽管仍被广泛使用,但很少有人以"技术派"自居。技术分析的式微,衬托出另一大流派的崛起,这就是大家耳熟能详的价值投资。

价值投资脱胎于早年的基本面派,因为起了更好的名字而显得高大上。

价值投资在中国的风行,沃伦•巴菲特功不可没,作为价值投资的倡导者和践行者,巴菲特就是中国投资者心目中的标杆。每年的五一前后,大量的职业投资人都会去美国小城奥马哈参加伯克希尔哈撒韦股东大会。

本人于2015年亲赴,有幸赶上了伯克希尔50周年股东大会,内心的震撼仿佛就在昨天。尽管巴菲特并没有自称为价值投资者,但外界几乎所有人都认定他为价值投资派。

作为投资界的耄耋长者,90多岁的巴菲特和比他大6岁的搭档查理•芒格依旧活跃在伯克希尔哈撒韦的舞台上。

而反身性理论也源自美股。我理解的反身性,实际上更多的是人性。杰出的投资行为,往往是"逆人性"的。

独行者速,众行者远。

作为万军先生的朋友,为新书写序,虽力所不逮,却欣然领命。个人交易系统的升级也得益于他的某种启发,借此以表谢忱。

作为"85后"小哥,万军先生在A股"混逾"十年,从2018年至今,短短几年时间,这已经是他的第三本著作,"青年才俊",名副其实。

国内这几年风生水起的量化投资,本书作者也有所涉猎。股市博弈的背后是数学，更是人性。本人常说，"无量化，不投研。"

价值投资、反身性、量化等，能集大成者，殊为罕见。作为A股江湖新势力代表人物之一的万军先生，他的新著，值得学习和收藏。

魏海洪（职业投资人）于深圳香蜜湖

2021年11月21日

序三

万军先生找我写序的时候，我是有疑虑的。作为一个在实业里土生土长的非投资专业人士来说，给投资理论和应用的书作序有种班门弄斧的意思。不过后来作者的鼓励打消了我的顾虑，了解投资者如何用反身性价值投资理念从多个视角和从动态趋势中判断选股，再从实业的角度分析，给投资选股做补充和印证，这何尝不是反身性思想的体现。

A股发展的30多年，受华尔街等先行市场影响深远，形成当下多种投资理念并存的格局。价值投资理念运用在企业价值能够提升的企业；趋势投资在牛市的背景下反而非常有价值；组合投资理念最明显的优势是可以分散非系统性风险；而反身性价值投资理念可以辩证地把以上理念全部综合起来，用价值的理念看企业，用风险管理的视角对待自身的投资决策，同时，结合主流偏见、基本趋势、股价走势和策略适配，具体问题具体分析。

万军先生的这本书，将反身性价值投资理念和A股实际相结合，从产业的长期逻辑出发，辩证地看待投资理念、基本面和行情演绎，做好投资策略和风险的平衡，依据不同的企业类型、不同的市场环境，采取不同的策略，最终实现长期超额回报。

对于企业来说，进入成长期，行业增速较快，市场需求旺盛，参与的企业较多，企业不一定都能够保持盈利和营收同步增长。但由于大家均是刚起步，企业的规模还比较小，只要跑在同行前面，企业就能够真正地在市场中脱颖而出，成为未来的行业龙头。整个行业的资源和消费者认可度都会向引领者聚集，市场会在当时就给予估值溢价，而且在行情兴起的时候会给得比成熟行业高得多。

而企业盈利最稳定、最持久还是在成熟期。进入成熟期，竞争格局才会真正变得相对稳固清晰，此时，品牌价值已经凸显，经营风险已经大大降低，利润也比较稳定。龙头企业的盈利增速将大于营收增速，龙头企业的营收增速将大于行业增速。以后靠保有量的更新换代，还有保有量提升的机会，行业的利润几乎被巨头瓜分，叠加智能制造和管理升级，降本增效，龙头企业盈利增速高于营收增速得以保持。成熟性行业的成长性企业就此诞生。

就像德鲁克所说"企业管理层所肩负的一项重要任务就是利用公司现有资源进行谨慎冒险，从而确保公司未来的永续经营"。企业会在不同的阶段反复，不断开拓新的增长点或寻找新的商业模式,使企业进入新赛道。

当然,在投资的领域里永远是学无止境的,市场并不存在唯一正确的投资方法。万军先生给我们开启了新的大门,让我们从反身性价值理念出发去分析和考量,结合多个流派的投资经验和方法,获取更多市场信息,引导我们以更全面的视角,做出更准确的判断。这些观点和方法在书中多处都有体现。如果你也对此感兴趣,不如马上翻开本书,看看作者是如何分享反身性价值投资的应用,从而获取超额投资收益。

王燕(飞荣达董秘)于深圳

2021年12月25日

前　言

　　首先需要说明，本书虽然是写如何获取超额收益的，但绝不是教投资者在股市中暴富的法则。如果试图在股市中快速取得财富，那么本书一定会让你失望透顶。因为本书还试图通过详细的论述来表达在股市中进行不当的投资风险很大，股市充满了不确定性和投资陷阱。

　　取得持续盈利已经不是件容易的事情，而要获取超额收益就更加不易。但是如果想持续在股市中盈利，想平衡收益和风险，那么本书还是能够帮助投资者的。因为书中的内容不仅来源于对投资大师的总结，更是在A股市场经过时间检验，且取得了成功。

　　很多投资者可能刚接触股市不久，没有经历过几轮牛熊，接触的投资大师思想不多，认识的投资理念也不多。笔者认为最好的方法还是读史，读懂了历史，其实也就明白了很多道理。所以本书有一条线索贯穿其中，即帮助投资者建立起历史感，不论是对投资理念史，还是对行业发展史。而要把握住其中的历史，就得有投资的历史观、世界观。而反身性价值投资理念恰恰融合了投资的历史观、世界观。笔者会结合各种理论的精华，将反身性价值投资理念运用到具体实践中。

　　现如今比较流行的投资理论依然是趋势投资理念、价值投资理念、组合投资理念，而反身性价值投资理念却可以消化吸收、融合各种理念，灵活运用各种理念和策略所长。事实上，所有的投资大师，均有自己独特的市场理解和投资风格，所有的基金公司也会有不少超额收益存在的产品系列。所以，理所应当也需要一个开放的、辩证的投资理念来指导我们。

　　而之所以存在着反身性价值投资理念，就在于反身性理念是作为投资思想的灵魂所在。反身性价值投资理念的独特价值还在于，其基本的市场假设不同于以上三种理念：市场参与者认知是不完备的。引起市场行情大幅起落的因素尽管事后来看的确反映出市场是会有些过激，但是在行情演绎的当时，还在被不断地证实与加强。

比如2020年四季度，一线大盘蓝筹股组合大幅上涨，不少2 000亿元市值以上的股票短短一个月可以上涨40%，而与此同时小盘股，哪怕是小盘绩优股则纷纷下跌，风格非常极端。而到了2021年春节后一个月，行情360度大转弯，盛极一时的超级大盘成长股风格纷纷下挫，同样是那批超级大牛股，短短一个月之内下跌了接近50%。种种迹象均表明市场的非理性行为。所以，市场的中短期很难用传统的价值投资理念来解释，而中长期又必然需要以价值作为批判市场价格的基石。

反身性价值投资理念价值鲜明的另外一条是提倡重视市场预期（市场主流偏见）。由于反身性理念假定参与者都是带有偏见的，那么市场预期严格上来讲也成为"主流偏见"。我们可以发现股价长期还是会受价值约束，或者遵循价值回归法则，但就短期而言，引导价格走向的是市场预期（市场主流偏见）、基本趋势和股价走势三者的相互影响。所以，从这个角度来讲，反身性价值投资理念均接受了趋势投资、价值投资和组合投资在市场中的价值，因为其分别是市场搭便车者、价值发现和维护者、价值/风险配置者。

孙子兵法有云：知己知彼，百战不殆。既然我们明白了市场长期走势还是取决于基本面，中期由市场主流偏见、基本趋势、股价走势相互决定，那么我们就应该对于构成市场主流偏见的各种投资理念有所了解，对构成基本面的行业、企业甚至是宏观方面有自己独到的研究和理解，然后采取反身性价值投资理念的方式进行收益和风险平衡，做好投资计划，实现投资目标。

所以，本书的价值正在于此：辩证地看待投资理念、辩证地看待基本面、辩证地看待行情演绎，做好投资策略和风险管理，最终实现经风险调整后的长期超额回报。

作　者
2022年3月

| 目 录 |

第三篇　选股——聚焦于长期稳定和超预期变化

第四篇　仓位与择时——大胆假设，小心求证

第五篇　先投资，后观察

第六篇　在安全的基础上适当扩大利润

第 1 章

投资目标与绩效评价

1.1 投资目标: 保值增值和超额收益

投资作为一种正常的经济行为, 总是带有目标的, 尽管事后的投资结果可能完全超出预期。比如, 对于想快速实现财富升级的年轻一代投资人, 总是努力寻找高成长的股票, 试图实现超高收益。在市场环境不错的时候, 这类股票能够享受戴维斯双击, 收益率通常高于其他类型。尽管波动率较高, 如果还拥有一定的择时观, 那么长期累积回报率就会高很多。如果是到了退休的年龄才开始自学投资, 又不想完全配置基金, 那么购买稳健类型的股票就是不错的选择, 比如从价值股开始, 那么选择盈利能力高、增长稳定, 估值又合理的股票就是不错的选择。毕竟这样的股票类型比较稳健, 适合长期持有, 投资者换手率也较低, 也不用时刻考虑市场环境和基本面的快速变化带来的不利影响, 省心省力。所以, 对于不同的人, 投资目标往往是不同的。但有一些目标还是比较共通的。

投资的首要目标是保值增值, 这一点似乎不用多说, 但对于个人投资者, 他们却容易忽视这一点。通货膨胀一直存在, 老百姓对物价上涨尤其是房价上涨已经有了切身体会。钱存在银行是跑不赢通货膨胀的, 这点毋庸置疑。但对投资股票的长期信心还没有建立起来。换句话说, 股票投资其实应该占有家庭总资产配置比较大的权重才对。

《股市长线法宝》对美国大类资产的收益率的统计数据显示, 美股长期收益率远超其他资产。1802—2012年间, 美国股票、长期国债、短期国债、黄金、美元扣除通胀后的实际收益率分别为6.6%、3.6%、2.7%、0.7%、−1.4%。经数据统计, 美股标普500（S&P500）指数1941—2019年长期收益率在8%左右。过去25年, 美股标普500指数的年化收益率达到了惊人的9.8%。

同样, A股的长期表现也不错: 以上证综指（考虑分红）、万得全A（考虑分红）、全部A股（等量/等额投资）来衡量股市，2000—2019年A股的名义年化收益率在四种口径下分别为6.6%、9.3%、9.7%、17.2%；以全国房地产销售额除以销售面积得到的房价来衡量地产，以10年期银行间国债到期收益率衡量债市，以CRB指数衡量大宗商品市场，2000—2019年期间我国房市、债市、大宗商品的名义年化收益率分别为7.9%、3.8%和2.9%。相比之下，股票长期收益率明显超过其他资产。

要想实现财富保值增值，长期配置权益类资产（股票、股票型基金）是能够实现投资的首要目标的，而且配置比例在大类资产类别中还应该占大头。

初看起来，年化不超过10%的股市长期回报率，似乎很难引起投资者的兴趣。统计数据显示，巴菲特的伯克希尔哈撒韦从1964年到2018年的长期回报率为18%，通过时间的复利效应，54年时间增长了10 936.87倍。前面30年时间的累积回报率为517.91倍，而如果长期回报率只有10%，那么30年只有17.45倍，两者相差了29.68倍。长期回报率差几个点而已，但长时间累积下来，差别巨大。时间拉得越长，差距就越大。

	A	B	C	D	E	F	G	H	I	J	K	L	M	N	O	P
21	1983	32.3	69.00	22.4			9	19	50.13	1.22	1.55	106.33	1.29	1.33	4.23	1.08	1.11
22	1984	13.6	-2.70	6.1			10	20	56.95	1.23	1.41	103.46	1.26	1.41	4.49	1.08	1.15
23	1985	48.2	93.70	31.6			1	21	84.42	1.24	1.37	200.41	1.29	1.37	5.91	1.09	1.14
24	1986	26.1	14.20	18.6			2	22	106.43	1.24	1.34	228.86	1.28	1.34	7.01	1.09	1.14
25	1987	19.5	4.60	5.1			3	23	127.18	1.24	1.32	239.39	1.27	1.32	7.37	1.09	1.15
26	1988	20.1	59.30	16.6			4	24	152.74	1.23	1.30	381.35	1.28	1.40	8.59	1.09	1.15
27	1989	44.4	84.60	31.7			5	25	220.56	1.24	1.29	703.97	1.30	1.39	11.31	1.10	1.17
28	1990	7.4	-23.10	-3.1			6	26	236.88	1.23	1.28	541.36	1.27	1.32	10.96	1.10	1.14
29	1991	39.6	35.60	30.5			7	27	330.69	1.24	1.28	734.08	1.28	1.32	14.31	1.10	1.14
30	1992	20.3	29.80	7.6			8	28	397.82	1.24	1.27	952.83	1.28	1.31	15.39	1.10	1.14
31	1993	14.3	38.90	10.1			9	29	454.71	1.24	1.25	1323.48	1.29	1.36	17.17	1.10	1.14
32	1994	13.9	25.00	1.3			10	30	517.91	1.23	1.25	1654.36	1.29	1.32	17.17	1.10	1.14
33	1995	43.1	57.40	37.6			1	31	741.12	1.25	1.25	2603.36	1.29	1.32	24.03	1.11	1.15
34	1996	31.8	6.20	23			2	32	976.82	1.24	1.25	2765.40	1.28	1.29	29.06	1.11	1.15
35	1997	34.1	34.90	33.4			3	33	1309.91	1.25	1.24	3730.53	1.29	1.32	38.76	1.12	1.18
36	1998	48.3	52.20	28.6			4	34	1942.60	1.25	1.24	5677.86	1.29	1.31	49.85	1.12	1.19
37	1999	0.5	-19.90	21			5	35	1952.31	1.24	1.21	4547.97	1.27	1.21	60.32	1.12	1.18
38	2000	6.5	26.60	-9.1			6	36	2079.21	1.24	1.21	5757.73	1.27	1.22	54.83	1.12	1.17
39	2001	-6.2	6.50	-11.9			7	37	1950.30	1.22	1.19	6131.98	1.27	1.24	48.30	1.11	1.15
40	2002	10	-3.80	-22.1			8	38	2145.33	1.22	1.20	5898.96	1.26	1.20	37.63	1.10	1.09
41	2003	21	15.80	28.7			9	39	2595.85	1.21	1.19	6831.00	1.25	1.18	48.43	1.10	1.11
42	2004	10.5	4.30	10.9			10	40	2868.41	1.20	1.16	7124.73	1.25	1.16	53.71	1.10	1.12
43	2005	6.4	0.80	4.9			1	41	3051.96	1.22	1.15	7181.72	1.24	1.11	56.34	1.10	1.12
44	2006	18.4	24.10	15.8			2	42	3613.56	1.21	1.14	8912.53	1.24	1.12	65.24	1.10	1.09
45	2007	11	28.70	5.5			3	43	4011.05	1.21	1.12	11470.42	1.24	1.12	68.83	1.10	1.06
46	2008	-9.6	-31.80	-37			4	44	3625.99	1.20	1.06	7822.83	1.23	1.03	43.35	1.09	0.99
47	2009	19.8	2.70	26.5			5	45	4343.93	1.20	1.08	8034.04	1.22	1.06	54.85	1.09	0.99
48	2010	13	21.40	15.1			6	46	4908.64	1.20	1.09	9753.33	1.21	1.05	60.32	1.09	1.01
49	2011	4.6	-4.70	2.1			7	47	5134.44	1.20	1.10	9294.92	1.21	1.04	64.46	1.09	1.03
50	2012	14.4	16.80	16			8	48	5873.80	1.20	1.11	10856.47	1.21	1.06	74.77	1.09	1.07
51	2013	18.2	32.70	32.4			9	49	6942.83	1.20	1.10	14406.54	1.21	1.09	99.00	1.10	1.07
52	2014	8.3	27.00	13.7			10	50	7519.09	1.20	1.10	18296.30	1.20	1.10	112.56	1.10	1.08
53	2015	6.4	12.50	1.4			1	51	8000.31	1.19	1.10	20583.34	1.20	1.11	114.14	1.10	1.07
54	2016	10.7	23.40	12			2	52	8856.34	1.19	1.09	25399.84	1.22	1.10	127.83	1.10	1.07
55	2017	23	21.90	21.8			3	53	10893.30	1.19	1.11	30962.40	1.22	1.10	155.70	1.10	1.06
56	2018	0.4	2.80	-4.4			4	54	10936.87	1.19	1.12	31829.35	1.21	1.15	148.85	1.10	1.15

年复合增长率
1965-2017
18.7% 20.5% 9.7%
累计回报 1964-2017 1,091,899% 2,472,627% 15,019%

	1%	2%	3%	4%	5%	6%	7%	8%	9%	10%		11%	12%	13%	14%	15%	16%	17%	18%	19%	20%		21%	22%	23%	24%	25%	26%	27%	28%
0	1	1	1	1	1	1	1	1	1	1	0	1	1	1	1	1	1	1	1	1	1	0	1	1	1	1	1	1	1	1
1	1.01	1.02	1.03	1.04	1.05	1.06	1.07	1.08	1.09	1.10	1	1.11	1.12	1.13	1.14	1.15	1.16	1.17	1.18	1.19	1.20	1	1.21	1.22	1.23	1.24	1.25	1.26	1.27	1.28
2	1.02	1.04	1.06	1.08	1.10	1.12	1.14	1.17	1.19	1.21	2	1.23	1.25	1.28	1.30	1.32	1.35	1.37	1.39	1.42	1.44	2	1.46	1.49	1.51	1.54	1.56	1.59	1.61	1.64
3	1.03	1.06	1.09	1.12	1.16	1.19	1.23	1.26	1.30	1.33	3	1.37	1.40	1.44	1.48	1.52	1.56	1.60	1.64	1.69	1.73	3	1.77	1.82	1.86	1.91	1.95	2.00	2.05	2.10

既然复利效应在长期内表现得威力如此之大，那么实现超额收益自然成为投资人的重要目标。赚钱，是能力的体现。不论是通过实业赚钱，还是通过投资股票、基金赚钱，很多人还是想把投资变成一种自身的能力，而不完全像教科书式简单完成保值增值。总是试图获得超额收益，试图战胜市场，喜欢亲力亲为。但是，在如此高度竞争的市场，能够战胜市场的人，必定要有独到之处和过人之处。

1.2　绩效评估：回报率和兼顾风险后的回报率

个人的投资绩效评估通常带有强烈的个人倾向，且通常倾向于单一的回报率指标。但只要是具有一定经验的投资人或者学习过相关投资知识的，就能够明白"高风险、高回报"其中蕴含的风险与收益的匹配关系。而个人投资者最终习得风险深刻含义的方法还是通过市场的经验教训。这种体会相当深刻，成本高昂。

我们从评价投资绩效的指标也能够略知一二，比如我们普遍熟知的相对收益

（投资者取得的收益率与市场基准进行比较），或者绝对收益，以此来评估投资的成败；明智的投资者在考察收益率的同时，还要考量与此收益相关的风险。

对于基金而言，跑赢基准指数是衡量基金管理水平的基础指标。通常的基准指数有沪深300、中证500或者创业板指等。选择合适的基准指数作为参考，也关系投资的成败。因为，在接下来的章节还会提到，我们评估市场环境还会以宽基指数作为市场画像的依据，在牛/熊偏见下，宽基指数还会作为指导仓位管理的重要指标。

在以市场基准指数衡量投资绩效的同时，我们通常难以避免与同行进行比较。这点无论对于个人投资者还是机构投资人都非常明显。个人在取得不错的投资回报时，比如一年赚了30%，而隔壁的邻居居然翻了一倍，也会暗自神伤。再比如学习金融专业的投资者，在审慎做出投资决策后的投资收益不过20%，而同学已经离开了本专业取得的投资收益竟然高达50%以上，这样也会让他怀疑自己是否过于保守而丢失了阶段性的大机会。

基金圈内的同行排名直接关系到基金经理的前程。如果只是简单地跑赢指数，仍然可能面临客户的巨大回撤。如果能够持续地在同行业中排名前列，那么不仅不用担心客户赎回资金，还能够赢得更多客户申购。

其实，很大一部分人参与A股市场不是简单地让资产保值增值。为了保值增值的投资回报一般就不买股票了，直接挑选市场上最优秀基金经理所管理的基金，或者做指数化基金的定投即可。很大一部分投资人还是想取得超额收益，而且是想拥有一套能够穿越牛熊的投资理念，通过积极投资来实现财富自由，或者是在投资市场有所作为，把投资当作终身事业。不管是想实现财富自由，还是想在投资市场有所作为，前提都是要有实现持续超额收益的能力。

如果一味地追求高收益，而不考虑风险，那么当风险来临时，可能要接受巨大的心理考验，甚至是巨大的资金回撤。既然这样，最好在一开始就将风险因素融入业绩评估的体系之中，夏普比率就是一个衡量风险与收益之间关系的分析工具。然而，夏普比率也存在缺陷，它虽然反映了风险与收益的历史关系，但这些量化的历史指标并不能反映投资的基本面风险，因为基本面风险在不同时期，尤其在未来仍然是无法用历史数据来刻画的。

所以，一方面取得超越市场、超越同行的收益会获得很大的成就感，但这并不应该列为投资的首要目标。这种收益能够经得起时间的长期检验，是经过风险调整后的，长期的、可持续的投资回报才是我们追求的目标。而以纯多头策略为主的股票投资而言，投资的目标应该为能够持续、稳定地获得超越市场平均水平的正收益。

不要过分与市场攀比，不要过分与同行攀比，而是在追求内心的平静前提下，追求持续、稳定的超额收益。如果不谈超额收益，只是简单地跑赢银行存款，那么同样是没有意义的。因为历史数据已经表明，不论美国还是国内，股票的长期历史回报率都显著超过其他资产，属于不同大类资产中最高的。所以，既然配置了股票资产，那么就应该取得超额收益。换句话说，我们选择做积极的市场操作者。

任何市场都讲究竞争，然而一个残酷的现实是，大部分人都不具有极强的竞争优势。比如，研究优势、信息优势。但是，我们却不一定会失败。因为，投资市场能够取得持续盈利，不一定非要样样在市场中处于绝对领先，能够意识到自身的不足，敢于直面自身的缺点，懂得进退，才是最大的优势。

巴菲特说："成功投资的第一条要诀是不要亏钱，第二条是别忘了第一条。"还说："在别人贪婪时恐惧，在别人恐惧时贪婪。"投资，第一件事就是：建立自己的能力圈。在自己真正的能力圈内做投资，目的是保证投资的"确定性"和"成功率"。巴菲特也告诉我们投资时智商并不是最重要的："如果你的智商超过125，那么投资成功与否与你的智商水平没有多大关系；如果你的智商一般，那么你需要对自己的欲望有相当强的自控能力，强烈的投资欲望可能使你血本无归。"正如巴菲特所说："成功的投资生涯不需要天才般的智商、非比寻常的经济眼光，或是内幕消息，需要的只是在做出投资决策时的正确思考框架，以及避免情绪失控保持理性思考的定力。格雷厄姆在《聪明的投资者》一书中清晰而明确地告诉我们正确的投资决策思考框架，但投资成功的另一个要素——情绪定力则需要你自己来培养。"

事实上，国内外一流的投资大师，常常采用的是非常简单的投资策略。他们不是产业界的专业级人物，也不一定智商超群。他们拥有的是一种发自内心的热爱，并注意对人性的深刻洞察，对自我情绪的掌控，能够以一颗平常心，理性客观地看待投资。事实也表明，投资大师都是在残酷的竞争环境中由小到大、一步一步成长起来的。他们很多不是一开始就来自具有资源优势、信息优势的公募基金，而是从一个非常平凡而又普通的人成为我们熟知的投资大师。

所以，我们的投资目标不宜太高，先做正确的事情，然后再正确地做事，那么市场自然会给予相应的投资回报。而获得的超额收益，绝不是靠技术上有多领先、信息上有多占优，而是比市场稍微理解深一点，能够直面自身的优劣势，能够有一套完整的投资流程，并且长期坚持下来，最终才体现出穿越牛熊，在风险可控的前提下，实现可持续、可复制、可展望的不错的投资回报。这种目标，正是本书的所指的超额收益。它绝不是指一年翻数倍，抓几只大牛股，或者高杠杆操作。

第 2 章

进化的投资理念——证券投资思想的四个阶段

不断变化的经济，不断进化的投资思想。进入投资的世界，先了解投资的历史，了解投资的主流思想，这样才能够理解投资领域人们所关注的基本面和他们在以怎样的思想进行思考，才能够学会自己研判基本趋势，才能够从市场投资者的投资行为特征中察觉出他们的预期。这样才能够做到懂事实、知预期，才能够结合自己的收益风险要求做出合理的投资决策。下面就从西方证券投资思想的四个阶段入手，简单了解投资思想史的概况。

2.1 第一阶段，从"操纵"对象到投机品，趋势投资理念成为制胜法宝

典型的理论家如查尔斯·道的道氏理论，道氏理论从整个市场大势的角度批判了之前人们对"股价是操纵出来的"的迷信。"股票大势是无法操纵的"，他从实证的角度，不断跟踪整个市场众多股票的走势，发现了市场价格代表了市场参与者对过去、现在和将来的全部理解。

在实践领域，写著名大作手利弗莫尔的《股票大作手回忆录》，记载了一个投机客如何从研究价格走势到研判市场大势而赚取丰厚利润的精彩过程，让我们可以身临其境地感受到20世纪初华尔街股票市场参与者的主要投资逻辑。在那个时期，有券商经纪人，但几乎没有券商分析师，更加不会有什么研究报告一说。不会有宏观经济理论，因为这个时候凯恩斯的《通论》还没有诞生。不会有产业周期理论，也不会有证券分析，因为内在价值一词还没有面世。事实上，那个时候的股票市场可以交易的股票比较少。这个时期更像20世纪90年代初的A股市场。整个市场大幅波动，个股跟随板块大涨大跌。道氏理论、道琼斯指数应运而生，解决了投资的方向问题，股价的上涨或者下跌，由市场大势决定，而不是别的。没有人可以操纵整个大势，顺势而为成为简单而实用的投资策略。"多头市场做多，空头市场做空。"

但是，股价如果处于上升趋势，人们也不会傻到认为这只股票会涨到天上去；如果股价处于下降趋势，也不会认为它会跌到地下去。同样的，人们也不会傻到坚信牛市会一直存在，而熊市不会没有尽头。但的确，20世纪初的美国市场牛熊周期比现在要短很多。这时牛熊背景在身经百战的投机客眼中俨然已经成为做多还是做空的航海图："多头市场做多，空头市场做空。"

毫无疑问，这个时候股票的基本面还没有怎么进入人们的视野。但是，关于股票的消息却从未缺席，内幕消息和企业的利好利空消息充斥市场，满足了市场参与者追求确定性甚至是短线暴富的心理需求。

20世纪，德国还有一位投资大师，叫作安德烈·科斯托拉尼，他形象地把股市与经济之间的关系用狗和人来形容。原话是这样的："人在街上散步，旁边是他的狗。狗总是这样，它跑到前面，但一会儿就跑回到主人身边。然后它又跑到前面，看到自己跑得太远了，就又跑了回来，一直是这样。最后，狗和人到达了同一个目的地。当人慢悠悠地走了一公里时，狗却跑来跑去地跑了有四公里。这个人就是经济，而狗就是股市。"把股市与经济之间的关系如此精彩而又形象地表达出来的德国证券教父，却被很多人冠以"大投机家"的名号。他在书中也非常明确地说："股票，本身就是投机对象，最好的投机对象。"但是，这位大投机客认为，决定股票中期的是资金和市场预期，长期的是经济——只要是和平年代，股市繁荣是迟早的，这是人性决定的。事实也的确如此，美股市场长期来看确实是一个漫长的牛市，但是其中的个股却不一定能够一直长牛，甚至很多股票会退市。这就存在一个问题，单个的股票涨跌，从长期来说，到底是围绕什么变动呢？

2.2 第二阶段，从投机品到投资品，从趋势投资理念到价值投资理念

1924年，史密斯提出了"股票是长期投资的最好工具"的惊人结论和"股票价值决定于其未来收益"的重要思想。"我们发现普通股票有一种活跃的力量，它始终趋向于增加投资本金的价值，除非我们不幸在股票达到顶点时投资，我们投入股票的平均市场价值长期低于投入本金的情况是比较少见的。即使遇到这种极端不幸的情况，它的改善也只是个时间问题。"这句话，也是现在很多以价值投资理念为基石的投资者的经典名言："买入好的公司，即使价格高一点，如果时间拉得足够长，也只输时间不输钱的。"

可是，怎样的公司才算好公司，怎样的价格才算好价格呢？这就首先要求能够给企业定价。那么股票的本质问题被搬了出来。格雷厄姆首次把具有实业投资思考逻辑的价值投资者放到了投资舞台的正中央。这一思想在当时的重要意义是通过追索股票的本质含义，引导投资者通过思考股票投资与实业投资必然联系来消除投资者对股票的恐惧（投资者的价值实现并不需要投机者的接纳，实业投资者乃至资产本身一样可以为股票价值的实现提供流动性）。

我们知道，1929年由一场大股灾所引发的全球经济大萧条，其影响之大世所罕见，而1931年价值投资鼻祖格雷厄姆在抄底中也遭遇破产。理性的投资人格雷厄姆，没有在投机的市场中幸免于难。但这并不妨碍股价走势会回归价值的至理名言。尽管那个时候很多股票持续下跌，有不少甚至跌破了其净资产，那么作为理性之人自然可以想到，不考虑未来，只考虑当下，股价也还是应该有个底线的：至少可以用清算价值这个最保守值来估算。

如果，企业还能够持续盈利，那么内在价值还会逐年提升。这种思想与纯粹依据牛熊而得出的股价涨跌的投机原则是完全不一样的，甚至有些时候得出的投资决策完全相反。正因为如此，格雷厄姆开辟了基于内在价值、基于企业所有者、

控制权的投资革命性思想，而且形成了严密的、定量分析的证券分析范式，在此之前，股票投资多是依赖模糊的直觉。他的证券分析和评估方法建立了华尔街关于股票价值评估的"概率信念"，是股票投资思想的又一次历史性飞跃。

在实践领域，这次以格雷厄姆、费雪、巴菲特、彼得·林奇等投资大师为代表的价值投资，无论是基于安全边际的保守派，还是基于成长投资的"乐观派"，大获成功的很多。价值投资理念深入人心，绝对估值和相对估值也深入人心。

价值投资理念的盛行，离不开美国证券市场严格的法规帮助，这样证券市场的信息得以前所未有的公平、公正。行业也发展得相当成熟，证券分析师、研究员等职业也正是兴起于此阶段。同时，投资者也开始在风险和收益之间进行平衡，有喜欢稳健型的低估值价值股的投资者，也有追求高收益的偏成长性投资者。而在这两者转变最好的当属于巴菲特–芒格这一对搭档了，他们正式从格雷厄姆的第一代价值投资转变为费雪倡导的成长股投资，并且把价值投资的长期投资理念发挥到极致，终于不用为每天的净值波动而操心了。

但正因为行业发展得越发成熟，而投资者始终存在着不同的风险偏好，不同资金属性的投资者对风险和收益的要求就完全不同，比如养老基金投资者、社保基金投资者和高净值客户，更别说普通投资者了。那么不同的投资者就会基于不同的收益风险诉求自然而然地形成不同的投资风格，同时不同的企业类型、不同的经济周期，也会导致投资者调整相应的证券类别，这样"风格"一词得以形成，自然也就发展到了下一阶段。

2.3　第三阶段，从投资品到风险资产，从价值投资理念到资产配置思想

从第一阶段到第二阶段，主要还是停留在从股票的金融属性的金融资产视角和收益属性的权益资产视角。事实上，还可以从另外一个视角来看待股票，就是

风险属性的风险资产。马科维茨的组合管理理论正好解决了股票在横截面上的风险问题。

这是与巴菲特的集中投资逻辑完全不同的视角。在此之前，人们对股票投资的研究主要集中在个别股票而不是资产组合，集中在收益而不是风险。马科维茨式的组合管理的目标是为投资者建立一个效用最大化的均衡的资产组合，而不是选出几只看起来收益率会很高的股票。理性的投资者将改变只选择一只或几只股票的投资方法，而选择"管理组合"建立一个风险调整后收益最大化的分散组合，以实现自己效用的最大化。

史密斯选择长期持有，通过时间来管理风险，格雷厄姆通过安全边际取得保护，而马科维茨选择了横断面的组合管理。以马科维茨为代表的组合理论及后续的资本资产定价模型（CAPM）、套利定价模型（APT）和多因子模型，简明扼要地定义了风险及收益与风险的关系，这一理论也成为现代金融理论的基石，改变了西方股票投资理论的发展方向。在各类机构投资者迅速发展壮大的背景下，注重均衡分析的现代金融投资理论，站在金融资产配置者的角度，提出了组合管理、资产选择和资产配置的投资方法，丰富了投资者对风险、收益、金融市场效率的认识，代表了股票投资思想的第三次重大理论突破。从此，金融资产配置型的投资者被置于股票市场的显要位置。

而A股还是以散户为主，这些普通投资者似乎还难以理解组合管理思想。但是，至少会听说过"高风险高收益，低风险低收益"，而购买过保险或者余额宝的年轻一代人也会明白，资产配置思想的种子，已经被碎片化地在脑海中种下了。股票则成为风险资产，与存款、银行理财、货币基金、债券等固定收益（或类固收）类低风险产品开始在脑海中做明显区分。而在西方，共同基金发展，养老金、主权基金大批量进入股票市场。它们的进入推动了整个证券市场的发展，甚至是全球资产配置浪潮。

对股票投资的收益属性和风险属性的深刻认识，再加上风险对冲工具的发展，比如各种金融衍生品，极大地丰富了投资策略。多品种、跨市场、跨周期，投资策略自然就逐渐丰富起来了。典型的就是美国对冲基金的兴起及后续的量化对冲基金，这些都是建立在投资组合理论的基础上并逐步演进过来的。

如果对前面三个阶段做一个总结，用一句话概括就是：股票投资由野蛮阶段、非理性阶段逐步走向理性、科学之路，尤其从投资理念的发展可以看到，似乎是由"肤浅"到逐步"深入"的过程。像发展出绝对估值、资本资产定价模型、套利定价模型、多因子模型等非常定量的方法，似乎可以表明投资理念的"终结"。

但是，正因为其理念是科学的，也就表明了其局限性。就拿投资组合理论、资本资产定价模式来说，巴菲特就嗤之以鼻。而对于接受价值投资理念的人来说，以道氏理论为代表的趋势理论纯属投机。纯价值投资者，不仅选股不会依据股价趋势，择时也是依据所谓的股价和内在价值之间的差异，至于内在价值到底是多少，从来没有见他们计算过，这点连巴菲特也承认。而真正被认可的还是"时间是好生意的朋友"，好的东西，长期会获得不错的收益。最好的结果还是时间来证明价值的威力。复利的思想和长期理论则是价值投资者奉行的宝典。

但不得不承认，没有这些越来越具有确定性的思想，投资是没有安全感的。没有安全感，市场就难以发展壮大。而证券市场对经济的作用、对加速企业发展的作用、对居民财富配置的作用就会大打折扣。

但是，无论我们怎么刻画，最后也说明了，金融资产、股票资产就是属于高风险资产。股票市场的投资不确定性，始终存在。这一个是无法辩驳的事实。而真正的风险，不是波动性。盲目的自信，才是最可怕的。

2.4　第四阶段，批判式的投资理念——反身性价值投资理念

事实上，价值投资理念已经在我国证券市场遍地开花结果了。但反身性价值

投资理念还没有被很好地正视，因为反身性理念晦涩难懂，但是谁也无法忽视这种投资思想的独特价值。

通过简单模仿巴菲特的投资理念而成功的投资人士，实际也是寥寥无几，为何呢？事实上，既有做趋势投资成功的，也有做价值投资成功的，也有做对冲基金成功的，也有做量化成功的。这些都表明市场并不存在唯一正确的投资方法。原本所谓的投资理念只是人们在追问市场运行的本质、投资的成功法则是什么，但是当一个投资理念逐步流行开来后，这个投资理念也对证券市场运行构成了深远的影响。比如，没有趋势投资破除股票只是"被操纵的对象"的心理界限，趋势投资策略就不会吸引大量外行人士通过掌握简单的趋势法则就参与到股市中来；如果没有价值投资理念，人们对于长期持有优质标的就不会有足够的信心；如果没有组合管理理念，人们就不敢把资产在整个金融资产中进行配置，养老金、社保资金也就不会以一种类似"有存款就放银行"的方式进行配置。

如果站在投资者的视角，可通过趋势投资理念学会如何通过趋势操作赚钱；通过价值投资理念学会以合理的价格买入优质企业，持有价值不断增长的企业实现长线盈利；而通过适当的组合管理还可以降低整个组合的波动性；如果利用对冲工具，还可以更加丰富我们的投资策略。为何要互相排斥呢，各种投资理念事实上并不是完全互斥的，甚至是互补的。它们都是时代发展的产物，必然有其价值。对于后来人来说，就是理性客观地看待这些纷繁复杂的理论，去其糟粕，取其精华，为己所用。

如果接受投资者的完备认识，那么迟早会使得市场有效——1965年，美国芝加哥大学金融学教授尤金·法玛发表了题为《股票市场价格行为》的博士毕业论文，又于1970年对该理论进行了深化，并提出"有效市场假说"（Efficient Markets Hypothesis，简称EMH）。

有效市场假说有一个颇受质疑的前提假设，即参与市场的投资者足够理性，并且能够迅速对所有市场信息做出合理反应。有效市场是这样一个市场，在这个市场中，存在着大量理性的、追求利益最大化的投资者，他们积极参与竞争，每个人都试图预测单只股票未来的市场价格，每个人都能轻易获得当前的重要信息。在一个有效市场上，众多精明投资者之间的竞争导致出现这样一种状况：在任何时候，单只股票的市场价格都反映了已经发生和尚未发生、但市场预期会发生的事情。该理论认为，在法律健全、功能良好、透明度高、竞争充分的股票市场，一切有价值的信息已经及时、准确、充分地反映在股价走势当中，其中包括企业当前和未来的价值，除非存在市场操纵，否则投资者不可能通过分析以往价格获得高于市场平均水平的超额利润。

然而，现实并非如以上几种理念演进的那样高效。人类对于股市波动规律的认知，是一个极具挑战性的世界级难题。迄今为止，尚没有任何一种理论和方法能够令所有人信服并且经得起时间检验——2000年，著名经济学家罗伯特·席勒在《非理性繁荣》一书中指出："我们应当牢记，股市定价并未形成一门完美的科学。"2013年，瑞典皇家科学院在授予有效市场假说权威专家尤金·法玛和行为金融学教授罗伯特·席勒等人该年度诺贝尔经济学奖时指出：几乎没有什么方法能准确预测未来几天或几周股市、债市的走向，但也许可以通过研究对三年以上的价格进行预测。

所以，我们的焦点不在于对短期的预测，而在于建立一套基于企业价值、市场行为、投资者理念视角下的中期（动态）投资理念和投资策略。

我们承认市场的局部有效性，同时也要意识到市场疯狂的可能性。但我们更要意识到，证券市场获益不在于你预测基本面的对与错，甚至不在于预测未来几个月价格的涨与跌，预测其实并不是投资的核心，而应聚焦长期，聚焦未来能够获得长期回报的事情。哪怕市场有朝一日变得非常有效，那么获取市场平均收益也是不错的，毕竟从风险定价的角度，股票资产在长期也是具有超越其他资产的不错收益。

另外，前面三个阶段的认识，全部建立在对股票投资的收益和风险的认识之上。以格雷厄姆、巴菲特和彼得·林奇等为代表的价值投资大师已经往企业的定量财务数据分析上引导了，而从各种宏观经济数据和产业数据中也能够轻易取得自上而下的数据；投资组合理念的思想在对数据处理方面又引入了套利定价模型、多因子模型和回归分析等科学的数据处理方法，能够对海量数据抽丝剥茧，得出对股价的各种风险定价模型。数据的价值已经毋庸置疑了，没有数据作为支撑的投资理论和投资策略其价值将显得那么苍白无力。

但我们清楚地知道，投资的收益和风险在于未来，未来总是不确定的。即使基于以上投资理念和存在完全符合投资理念的市场环境、企业，每一次的投资结果也会不同。市场环境在变，企业运行在变，投资者的预期也在变，没有一项是不变的。换句话说，任何投资理念都不是一个定律，只是一种思想罢了。人们对数据的运用，除了发掘到其重要性，其最终投资价值也依靠不同的投资人赋予其相应的权重。

同时，无论过去被证明如何有效的数据，也有其发挥作用的周期性。比如，价值股最近几年就连连建立负的超额收益，而美股的历史数据证明价值股在长期是比成长股还要获得更高的投资收益的。理解了这一点，就会对市场有敬畏的心理，不会那么求绝对，完备认识是不可能的。

但是，反身性思想的核心还不在于承认自身认识的局限性。个人认识存在的局限性是完全可以理解的。普遍认为集体认识似乎能够弥补个人认识的不足，这在某种程度上是合理的，市场总是比个人所认识的要多。反身性的核心在于人的不完备认识会对现实构成影响，这种被影响过的现实不是独立于人的认识的，它已经包含被认识所改造过的成分了，所以尽管结果符合预期，也不一定是认识符合现实，完全有可能是认识改造了现实，使得现实符合了认识。

那么一个正反馈已经构成，现实逐步变得脆弱了，一方面是预期打得太满了，参与者甚至会认为自己的行动太慢了，另外现实太依赖于市场预期了。换句话说，反身性会导致自我证实的预言实现。这几乎是相关书中表达的原意，也是区别于价值投资的根本所在。

另外，反身性本身就是人们认识事物和参与社会实践的方法论，是一种双向互动的影响。所以，这里边其实含有三种互动关系：认识活动自身的辩证、螺旋式发展；社会实践的辩证、螺旋式发展；认识和参与之间互相辩证、螺旋式发展。

对投资理念的理解，就像对思想的理解一样，首先得从历史性的角度来回顾。任何理论的产生都是对前面一种理论的延续和扬弃，也是对过去理论在实践中暴露出来的问题的解答。前面我们已经对西方投资思想的三个阶段进行了一番回顾，已经能够明白其实每一个理论都有可取之处，但是，由于当下的理论自然是普遍运用的理念，必定会过度使用。同时还会发现使用的时候有很多不符合的情况。也就会各种反思，不断完善，直到一种全新的理念可以代替。所以，理念其实就像一种商品一样，存在着渗透的过程。

那么反身性思想的鲜明特征是什么呢？第一，自反思；第二，否定式的、批判式的；第三，双向互动，正反馈、负反馈。事实上，前面两条是辩证法的基本特征，只是它们分别存在于认识或者实践之中。关于第三点，反身性投资理论的书籍已经表达得非常明确了。关于前面两点，在哲学书籍中则被普遍讨论过了。正因为如此，反身性投资理论的书籍只重点论述了第三点。而如果没有自反思、自否定，那么第三点是怎么来的呢？这是显而易见的。

所以，就二级市场投资而言，前面两点，正是笔者想要补充的。因为没有前面两点的理解，就会沦落为股价和基本面的双向反馈这一句毫不起眼的话，甚至是一句空话。这还不如"价值选股、趋势操作"八个字来得直接有效呢。如果只是这样，那么反身性就称不上什么思想，只是一个简单的策略罢了。而能够称为思想的，一定是对前面三种投资思想有深刻的洞见，对前面三种思想进行过批判，更加重要的是思想的根源就不同。

这就是为什么基本分析是静态的，而反身性是动态的。因为基本分析就像企业是一个等待被认识的事物，我们的投资就是认识企业发展规律，然后参与进去。如果仅是这样，就会忽视一点，作为参与者，事实上我们的投资决策是基于我们对企业未来的预期，而这种预期是一种认识，而认识本身是不完备的，且投资决策会对企业构成重大影响，微观层面体现为企业的股权融资，宏观层面则体现为整个金融系统对实体经济的影响，后面一点的重要性是不言而喻的。

第 3 章

残酷的现实和逐渐成熟的市场

投资需要面对的第一个现实是每个人参与市场的投资约束条件都是不一样的。普通投资人的约束条件其实更加苛刻,尤其对于想在股市实现人生梦想的参与者,往往对风险的控制要求更高。如果是自己的资金,出现大亏,则金钱和心理都会受到打击,亏损的50%将要用翻倍的投资收益来弥补;如果是作为基金管理者,那么其对客户的信用将会大大受损,一方面客户会选择撤资;另一方面市场的口碑将会受损,基金经理的职业生涯将会大大受挫。

理想是很美好的,市场是很残酷的。比如,高盈利、高成长、低估值的标的往往被认为是符合价值投资的好企业。但在过去几年这样的企业其实很少见,过去几年不论是牛市,还是结构性的市场,核心资产的估值逐年提升。而一旦采用了价值投资的安全边际法则,那么一定会认为核心资产早就无法买入了。

良好的投资决策其实也是需要每年支付相应的成本的,比如研究成本、调研成本。就一个中小型的阳光私募基金来说,每年付给券商的研究成本可能上百万,这还不包括每年支付给研究团队的工资、调研上市公司的差旅费等。所以,会发现很多机构都在宣传价值投资,也在努力调研上市企业,但是由于他们在投资理念上、经营模式上大同小异,竞争优势并不突出,结果业绩平平。没有良好的业绩,就会失去客户,成为被市场淘汰的对象。

如果按照机构的研究模式,一定要以调研作为价值投资的标签,那么大部分的个人投资人都称不上价值投资者了。但是,普通投资人还是会认为,去了几趟商场,体验了相关上市公司的产品,自己就能贴上彼得·林奇式的价值投资标签了。

投资机会的时间成本也很高昂。很多投资机会一旦错失,常常会让人追悔莫及。一旦错失上车的机会,再次上车总觉得很不划算,一家公司价值500亿元的时候没有参与,上涨到了1 000亿元,已经翻倍了,再参与的话就会觉得在追高了。如果一路上涨到了1 500亿元,再参与就更觉得没有价值了。这种想法不仅个人投资人会有,机构也常常会有。但同时他们内心还会觉得自己对这家公司的长期观点还是对的, 不然怎么会一路从500亿元上涨到1 000亿元, 再到1 500亿元呢。拉长看, 十年以后这家企业能够成长为万亿市值不是不可能。所以, 如果这家公司从1 500亿元回落到了1 200亿元, 他们此时反而觉得便宜, 可以上车了。这种模式, 在趋势投资者的世界中简直不可理喻, 但是机械的价值投资者, 觉得捡了一个大便宜, 并以左侧交易和右侧交易来武断划分价值投资和趋势投资。

机械的价值投资强调集中投资, 并以高精准度来调侃。如果你太分散, 那么就无法照看篮子里的鸡蛋, 说明没有深入研究; 如果你买入的标的下跌了, 你都不敢加仓, 要么研究不够充分, 要么对企业的长期价值信心不足, 都是 "伪价值投资者" 等。殊不知, 真正值得长期持有的标的其实很少, 长期持有的标的也需要结合自身的风险控制要求、长时间不涨带来的心理压力和风险承受能力的考验。而如果不幸踩了雷, 或者对企业的基本面研究不够到位, 浮亏巨大, 那么将可能面临损失本金的巨大风险。换句话说, 如果火候不够, 尤其对于普通的投资者, 对于非职业的投资人, 集中投资完全可能会是集中覆灭。

机械的价值投资还以长期持有著称。认为只要在具有安全边际或者价格合理的时候持有价值不断增长的企业, 那么时间会是好生意的朋友。如果市场处于明显的泡沫中后期, 是否还应该继续持有呢? 很明显, 机械地长期持有, 到头来完全可能是坐了一次过山车。哪怕买入的时候价格便宜, 一旦市场出现明显的泡沫或者持有的标的出现明显的泡沫, 都应该选择逐步退出, 不要一味地以时间长短来决定是否就是价值投资。投资的目的是保证增值, 而不是一味地捍卫投资理念。

尤其是机械的成长性价值投资者, 如果持有时间足够长, 那么等到企业增速稍稍不达预期, 或者企业由高速发展转变为中低速, 甚至平稳发展阶段, 完全可能遭受戴维斯双杀, 通常这个时候的股价会直接快速腰斩。而且, 由于后面转变了发展速度, 市场预期也不会像以前那么高了, 即使公司后面被证明在行业内依然具有极强的竞争优势，股价回到原来水平依然需要数年，甚至要十年，因为估值和增速都跟以前不在一个档次了。如果企业的竞争优势在行业的竞争加剧中不够明显，那么遭受的打击可能更大。

所以，我们会发现在实际运用价值投资理念的时候，其实有很多现实问题在困扰着我们，比如以上列举的现实条件不符合，时机错失了怎么办，研究成本和调研成本，集中投资和长期投资的风险等。

3.1 逐渐成熟的市场

但是，好在你不是一个人在战斗。在一级市场寻找一个项目的时候，你完全可能是一个人在调研，一个人在验证这家企业的相关信息，同时还需要承担巨大的投资风险。二级市场与一级市场相比最大的好处就是信息非常透明，而且对每个投资人来说参与机会也很平等，甚至小资金还具有比大机构更加灵活的进出机会。这就使得投资人其实在二级市场可以采用更加灵活的投资策略，对于价值投资理念也可以活学活用。

而在活学活用投资理念之前，先得面对A股的现实，了解A股市场的投资群体。他们虽然是我们的竞争者，但我们不用博弈的思维来看待，而是以学习榜样和合作伙伴的视角来看待。因为我们的A股市场已经不再像过去那种是主力、庄家所主导的时代，无论是从上市公司的数量和质量，还是从投资群体来讲。尤其是投资群体的多元化，机构群体的壮大，外资对价值投资的积极引导，这些都在极大地改善着我们的投资环境，使得我们拥有正确投资理念，理解自身投资优劣。充分发挥自身优势的投资人才能够取得卓越的投资回报。

3.2　投资结构日趋合理

进入2020年9月份，A股市场的上市公司数量正式突破4 000家，而8月底还只有3 990家，截至目前已经达到4 029家。事实上，2019年底，上市公司的数量3 800家不到，只有3 777家，10个月不到的时间增加了200多家上市公司。2019年底，沪深两市总市值60万亿元不到，截至目前已经达到了近76万亿元了。同时，外资持股市值在2020年3月份也突破了1万亿元。

累计资金流向　　　　　　　　　　　　　　　　　　　　　　　　　单位: 亿元

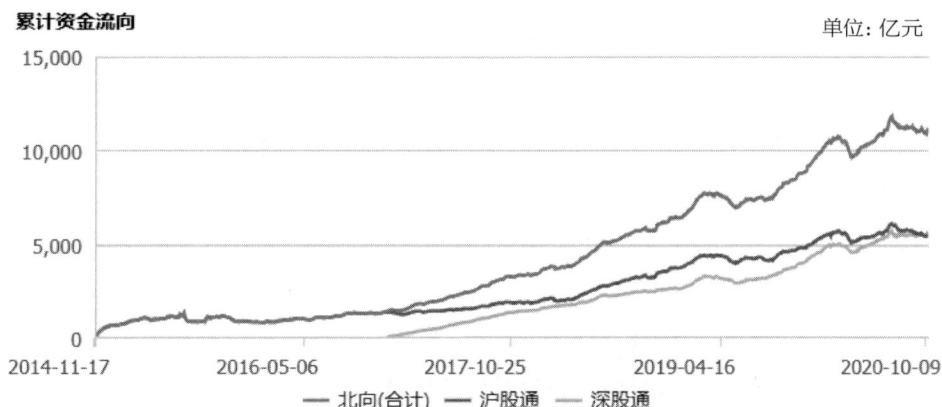

尽管外资的持股规模只有1万亿元，但是从2017年后的行情可以明显感受到外资对A股投资结构的巨大改善力量，而且还从理念上直接影响着国内普通投资人的投资思想。从外资沪深两市前十大重仓持股可以清晰看到，全是我们A股的核心资产。

序号	证券代码	证券简称	系统持股量	↓持股市值(元,人民币)	占流通A股(%)(公布)	占流通A股(%)(计算)
1	600519.SH	贵州茅台	101,466,190.00	176,449,704,410.00	8.07	8.0772
2	601318.SH	中国平安	760,219,419.00	61,866,656,318.22	7.01	7.0178
3	600276.SH	恒瑞医药	621,033,703.00	58,190,857,971.10	11.72	11.7270
4	601888.SH	中国中免	196,106,681.00	41,986,440,402.10	10.04	10.0440
5	603288.SH	海天味业	206,259,629.00	35,606,599,754.27	6.36	6.3652
6	600036.SH	招商银行	934,265,807.00	35,305,904,846.53	4.52	4.5289
7	600887.SH	伊利股份	750,330,984.00	31,123,729,216.32	12.71	12.7175
8	600585.SH	海螺水泥	431,146,888.00	24,338,241,827.60	10.77	10.7795
9	600900.SH	长江电力	1,250,655,076.00	24,175,162,619.08	5.51	5.5117
10	600031.SH	三一重工	844,012,135.00	23,336,935,532.75	9.96	9.9580

序号	证券代码	证券简称	系统持股量	↓持股市值(元,人民币)	占全部A股(%)(公布)	占流通A股(%)(计算)
1	000333.SZ	美的集团	1,117,555,581.00	84,811,293,042.09	15.90	16.3410
2	000858.SZ	五粮液	248,343,228.00	60,166,113,847.56	6.39	6.5426
3	000651.SZ	格力电器	1,034,746,299.00	57,852,665,577.09	17.20	17.3321
4	000001.SZ	平安银行	1,745,868,397.00	28,038,646,455.82	8.99	8.9967
5	002475.SZ	立讯精密	453,521,148.00	27,846,198,487.20	6.48	6.5020
6	300750.SZ	宁德时代	116,468,635.00	27,448,163,210.45	4.99	9.4334
7	300760.SZ	迈瑞医疗	65,873,282.00	24,867,163,955.00	5.41	13.1975
8	002415.SZ	海康威视	553,328,739.00	21,618,553,832.73	5.92	6.8351
9	300015.SZ	爱尔眼科	312,944,501.00	18,166,428,283.05	7.59	9.1597
10	000002.SZ	万科A	573,517,649.00	16,052,758,995.51	5.89	5.9038

过去两年权益市场火爆行情也引爆了国内基金市场,截至2020年6月30日,Wind分类股票型基金与偏股混合型基金总规模为1.73万亿元,下图是权益基金历史规模变化。可以发现,2015年的牛市,基金的规模并没有持续扩大,甚至都没有超过2009年的小牛行情。而从2019年开始的牛市行情,基金规模持续扩大,一举超过2015年、2009年的高点,并且在2020年上半年取得快速发展。

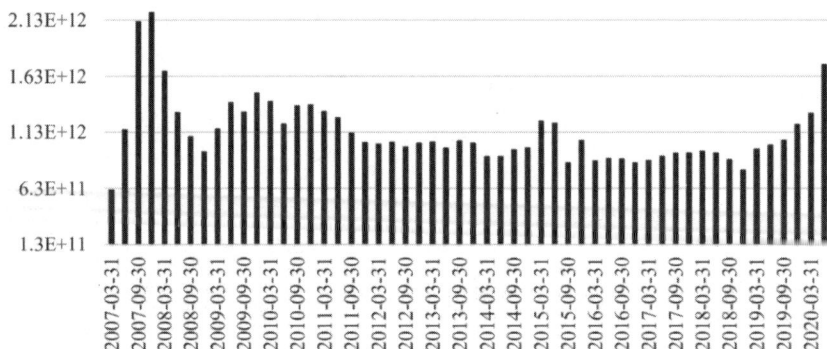

要是回顾一下上轮牛市后截至目前上涨最多的是哪类企业。那么下面这两类一定表现得异常突出。第一类就是成熟行业的高盈利稳增长的龙头企业,也被冠以"核心资产"之名,典型的就是大消费类行业核心资产。它们拥有极高的ROE,稳定的业绩增速,还受行业集中度进一步提升的长期逻辑支撑。同时,估值也在逐年提升,这几年享受了市场真正的戴维斯双击。持续买入这类企业股票的,正是价值投资人和以投资组合策略为主的机构,他们拥抱着中国最赚钱的优质企业。

也正是机构的持续买入，才导致龙头溢价那么显著。从国内基金的前十大重仓股可以发现，这些股票正是我们的核心资产。一个有趣的现象是，外资持有的贵州茅台比例居然是国内基金的两倍。作为价值投资人必然要谈的贵州茅台，没有想到外资的热情远远超过了国内机构资金。也难怪国内投资人总是关注外资的一举一动。甚至有投资人用外资的流入流出情况作为A股的择时依据，通过以上的分析就能够理解了。

序号	代码	名称	持有基金数	持有公司家数	持股总量(万股)	季报持仓变动(万股)	持股占流通股比(%)	2020中报 ↓持股市值(万元)
1	600519.SH	贵州茅台	1,342	121	5,700.08	-9.63	4.54	8,338,528.06
2	000858.SZ	五粮液	880	112	31,861.73	3,688.34	8.39	5,452,179.60
3	002475.SZ	立讯精密	1,078	114	105,331.09	29,549.29	15.09	5,402,422.65
4	600276.SH	恒瑞医药	821	109	41,238.46	8,257.62	7.79	3,806,309.95
5	601318.SH	中国平安	721	110	51,220.56	-7,531.11	4.73	3,657,147.65
6	000661.SZ	长春高新	570	93	8,020.70	4,606.49	23.59	3,487,701.03
7	000333.SZ	美的集团	502	95	42,011.63	4,425.89	6.13	2,511,875.15
8	300750.SZ	宁德时代	596	101	14,250.61	3,140.04	11.63	2,484,736.90
9	300760.SZ	迈瑞医疗	457	88	8,077.79	79.28	16.18	2,469,379.15
10	600036.SH	招商银行	631	104	71,620.45	-10,078.18	3.47	2,415,041.54

第二类就是受益产业周期复苏的大科技类行业，尤其是2019年开始，以5G为代表的科技股，中国半导体产业崛起的芯片股、新能源和新能源汽车行业等。这些行业技术更新迭代快，资本支出大，研发投入大，上市公司的短期盈利能力并不一定显著，但是产业发展逻辑清晰。板块起来的时候，如果其中的企业还属于行业领跑者，那么其股价能够获得更大的涨幅。而要挖掘这类投资机会，没有对产业的深刻理解是做不到的。而能挖掘并推动这样的大行情，还是少不了机构，只有它们才有如此大的需求量。从下图可以发现，2019年下半年电子行业基金持仓比例从3%迅速提升到14%，提升了3倍多。

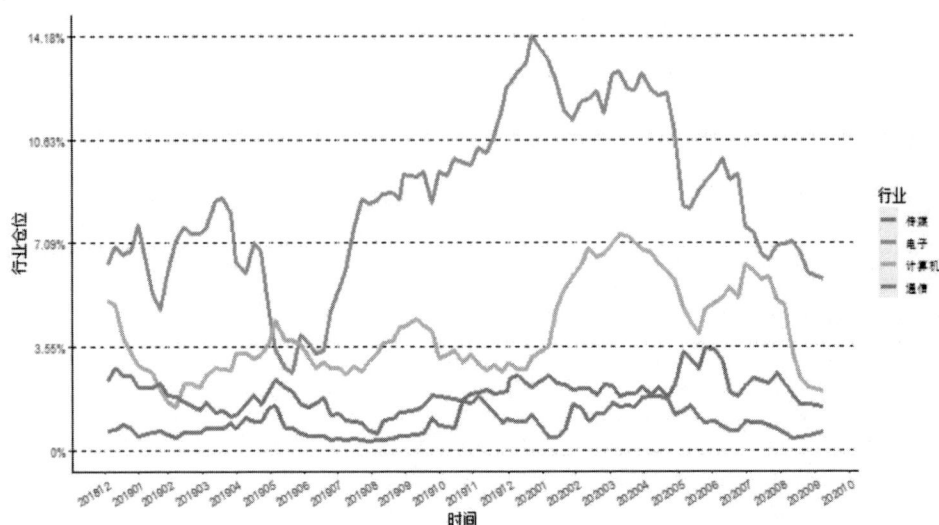

引用财通证券对基金行业配置的跟踪报告：2020年以来，主动权益基金的整体仓位保持了一个平稳的较高仓位，灵活配置型基金整体上呈现小幅加仓趋势，平衡型呈现一个先小幅加仓后再逐步减仓的趋势，目前来看，8月、9月市场逐步减仓是明显的。

首先是一直备受机构青睐的食品饮料，由于一季度疫情原因（主要是白酒）消费受阻，机构顺势减持，同时加仓医药生物（疫苗、口罩概念股）。医药在4月底出现一波减持高峰，减持至9%左右后，又逆势加仓回升至18.46%。8月底受国内疫苗实验消息影响，医药生物减持明显，后持仓下降至13.05%。

食品饮料则在4月中旬被减持至8.81%后开始震荡回升，10月为14.56%。其次是2019年大多数机构中意的电子行业，在经历了2019年下半年的快速上行后估值提升至历史高位，2020年以来业绩逐渐兑现，机构从年初开始一直持续减持，从年初最高占比12.92%，减持至10月的5.86%；最后是受疫情影响较为严重的旅游休闲等行业，虽然经历较长时间的复苏，但免税概念的兴起和落地使得休闲服务行业的配置加持显著，至2020年10月配置比例已回升至7.30%。

可以发现，从行业的视角来看，基金的投资行为主导着板块行情的大方向。2020年一季度机构资金对白酒板块进行了减持，同时大幅加仓医药板块，而二季度又加仓了白酒板块,从行情的表现也能够看出白酒板块比医药板块表现要弱很多。而2019年热火朝天的以半导体板块为主的硬核科技板块,则在2020年上半年被机构持续卖出,从行情的表现来看,电子板块当时也的确处于高位运行之中。

另外,从基金的总规模来看,基金规模与行情的持续发展也存在着正向循环。这就表明,我们不能简单从单个企业价值的角度来看待行情的发展,尤其在以年度为视角的投资评价下,我们需要回归现实,回到整个投资者生态的整体来看待行情发展的脉络。而其中的主导力量,正是机构。

所以,在过去这几年的主导行情中,总少不了一类投资群体的声音:机构。在2015年牛市以前的所有牛市中,机构是跑不赢大势的,说得难听一点儿,机构还是被取笑的对象。但是近几年以价值投资著称的机构获得了超额收益。机构,尤其是大机构,它们拥抱着核心资产,把握着产业动态,实现了自身的巨大正反馈:业绩取得超额收益和规模实现超常规增长,并且进一步影响着整个A股市场,改变了A股市场的投资者结构。

回首过去,可以说在很长一段时间,A股市场最有效的方法是来自某种"套利"。比如说运用涨停板模式通过人性的"羊群效应"赚钱,或者是受益于壳价值的资产重组。另外,A股上市公司的质量也参差不齐。有些行业看似非常好,但上市公司的质量并不高,也一度导致"投赛道"的方式在A股盛行。

过去几年,由于市场逐渐变得成熟,A股已经摆脱了过去"Beta式的投资特点",不再出现涨的时候各种股票都涨,跌的时候各种股票都跌的情况。现在制度也完善了,创业板的涨跌停板幅度也放得更大了,壳价值也逐渐消失了。专业的机构投资者相对于普通投资者的超额收益在不断扩大。特别是这几年,机构投资者获得了比较丰厚的收益,但是大部分普通投资者的收益并不高,越来越多人开始把钱交给专业的机构投资者。

3.3　借力打力，发挥灵活性

事实已经表明，有理念、有策略、有纪律的机构正在逐步取得市场的主导权，这也是成熟市场的标准。那么对于普通投资人来说，想取得超额收益，看似越来越难了，但其实不然。

前面已经提到，市场在充分竞争着，竞争的市场会逐步导向有效市场，而有效市场则意味着很多机构也很难取得超额收益。举一个巴菲特十年赌约的案例。2007年，巴菲特向对冲基金行业的金融专业人士发出挑战，希望他们加入巴菲特2006年给伯克希尔公司股东信中所说的赌局：在伯克希尔公司2005年年报中，我认为那些由专业人士积极管理的投资，总体而言，在若干年内的回报，还会低于那些消极静观的普通的业余人士。我解释说，由各种"帮手"收取的大量佣金，会让他们的客户，总体而言，再度比单靠投资低成本的消极管理指数基金业务，得到更差劲的回报。

巴菲特提议的打赌是指：从2008年1月1日至2017年12月31日的十年期间，标普500指数的业绩表现会胜过对冲基金组合扣除佣金、成本及其他所有费用的业绩表现。Protégé Partners的对冲基金经理Ted Seides接受了巴菲特的赌局，他确定了5只对冲基金，预计它们会在十年内超过标准普尔500指数。但最终的结果是，标准普尔500指数完胜上述5只对冲基金。在这10年中，标准普尔500指数累计上涨了125.8%，平均年收益达到8.5%。而5只基金表现最好的累计只上涨了87.7%，平均年收益为6.5%。表现最差的仅增长了2.8%，平均年收益仅为0.3%。上面的案例表明，在充分竞争的市场，哪怕专业的投资人也不一定战胜市场取得超额收益。

另外，一个机构越成功，其规模也会越大。巴菲特说过，规模是收益的敌人。这就表明，在证券市场的某一种投资模式下，存在最佳的投资收益对应着最优的规模的情况。一旦超过这个规模，那么其收益就会下滑。船大难掉头就是基金行业普遍面临的问题，就目前而言，据统计几亿元到几十亿元是取得最佳收益风险的规模。而超过了这个规模，那么就会遇到在市场极端不利行情时，由于卖出缓慢而导致净值随市场回撤大的问题；极小的规模，又会面临投资成本、组合无法分散及投资收益之间权衡的艰难选择。

光是这种规模与投资收益之间的制约关系，就给予有志于在这一行业取得长期超额收益的投资者很有价值的信息。这意味着在资金规模不是很大的时候，完全可以不用按照巴菲特的模式来做投资，不要一开始就搞长期持股，甚至不用只把投资目标锁定在卓越的企业。正如彼得·林奇所说的，卓越的企业可能成长缓慢，其虽然稳健，但是收益就不足了。

机构投资者还有很多投资限制。如果一些股票基本面的负面消息对股价造成了冲击，持有这些股票的机构投资者可能会被迫地抛售他们的持仓。抛售会加剧股价的下跌。一旦资金从这些股票持续出逃，那么股价将会继续下跌，即下跌的股票在未来仍会下跌。在对这些股票的抛售过程中，机构投资者的行为并非理性，而仅仅是因为机构必须遵守的条条框框的限制。同时，由于机构对市场的主导性，这会加大"羊群效应"，明白其中道理的中小投资人就可以充分利用这一点。

所以，我们可以利用资金小的灵活性来更加积极地捕捉市场的机会。如何积极捕捉市场机会，这就需要一个动态的投资理念来看待市场。从动态的视角来看，这是一个复杂多变的市场，所以这是值得庆幸的。

企业在创新，时代在变化，宏观环境在变化，政策在推陈出新，行业在发展——这些都给我们提供机会。如果企业没有创新，竞争格局非常稳定，宏观环境也没有发展，那么其实投资机会也小了很多。中小投资人想实现超额收益的机会也小了很多。我们应该感谢复杂多变的市场，同时要充分意识到自身的劣势，充分利用自身灵活、机动的优势，甚至充分借助外力（大机构、券商），借助他们的投研成果来借力打力。这样我们就有可能在做好自身风控的同时，持续不断完善自身的投研流程，从而取得持续的长期投资回报。

第 4 章

反身性价值投资理念

反身性价值投资理念的思想内核是反身性，而落脚点是价值投资。基本分析事实上重点在静态分析，而投资决策是基于价值判断。这种由事实判断到价值判断在哲学上已经被充分论证过了。

所以，纯价值投资理念投资者盈利的核心，会归结为自己所投资的企业经营所带来的价值提升，至于股价的波动，则只简单地归结为企业价值变动的反应。却完全忽视了股价也是一种价格。

价格在西方经济学中讨论的时间可比股价要悠久得多。供求决定价格，换句话说，价格是供给者和需求者双方的供求关系决定的。价格原理不会因为这种价格是资产价格而不是商品价格就完全失效。同样，关于资产的价格，我们能够知道是企业未来预期盈利的折现。换句话说，供求的核心力量来自供求双方对企业未来的盈利预期。这就表明了市场参与者的预期在价格决定中的重要性。所以，会发现纯价值投资者在短期其实是非常无力的。因为其正要忽视市场预期所导致的股价的波动性，试图抹掉市场投资者对企业价值的反身性影响。

那么是什么导致股价涨跌的呢？反身性理念直白地指出是众多参与者构成的市场主流偏见。换句话说，只有引起参与者观点变动的基本因素，才是推动股价变动的直接力量。至于市场主流偏见何时将哪些基本因素考虑得更加重要一些，其实是不确定的。当然，参与者的市场主流偏见，不是凭空出现的，来源于参与者的认识和基本因素。不同的参与者，对同一基本因素得出不一样的观点，这是显而易见的。因为参与者的限制和诉求不同、认知不同、视角不同、理念不同。

但是，他们的观点却可以在股价上同时得到表达，成为市场主流偏见的表征。所以，这就存在基本因素的变动，导致市场主流偏见出现很大的变化。而变化较大的市场主流偏见，直接导致股价出现较大的涨跌幅度，而且股价的大幅涨跌，会对基本因素构成直接的或者间接的影响，比如股权融资就是非常直接的影响，而取得融资后进行的再投资，会对基本面构成深远影响（因为项目投资是不可逆的），一个非常简单明了的反馈环已经形成。

　　所以，由于反身性，市场变得动态化了，而不像传统的价值投资那样，用一个历史估值与一个变动的基本因素来得出股价的涨跌。事实上，估值变动正是市场预期的直接表现。在一个 3～5 年的时间框架里，估值变动往往会超过企业经营业绩的变动幅度，成为普遍现象。而只有放到更大的时间框架里，业绩的逐步增长，才能够在企业股价上得到表现。这点是很多价值投资者不明白的地方。但是，在任何时候，反身性都不能完全替代基本分析。

　　下面就反身性价值投资在认识层面的三个特征做一个阐述：分别是自反思、自否定、正反馈。

　　反身性的自反思特征，顾名思义就是反过来追溯其原因，返回它的根据，追溯它的来龙去脉。原本，自反思性是人认识事物的一个过程而已。通过自反思，得出规律性，把握所谓的本质。运用到投资中，当我们遇到一个重大的事件、重大的变动，我们总是会先把它上升一个层次。

　　通过回顾历史，反思过去是否也出现过这种情况，会追溯过往得出的理念，看看能否得到很好的解释，并进而依据当下的事实预测未来及指导行动。这种自反思性，似乎应成为常识，而常常被人忽略。这种通常给人一种结论，历史总是惊人的相似。当然会相似了，因为人们就是喜欢把当下新的东西用旧的理论和过去的历史来理解。而且，小的日常事件，通常还能够给予很好的解释。而一旦有历史性的重大事件，比如 1997 年亚洲金融风暴、2000 年互联网泡沫、2008 年次贷危机等，我们会把重大事件反复研究，并且抽象出一般的理论，以便下一次进行预测和应对。

　　但是，很多时候，历史性事件之所以被称为历史性的，就是因为这一次必须完全采用与上一次不同的逻辑来理解。超出日常的思维模式，这会导致认识的重大升级，所以，每一次认识的重大变化，总是与重大事件伴随的。

　　这会在重大时刻，事实和认识是完全不一样的模式。就像每一次经济危机，也是诞生新的经济理论的时机，而一个全新的理论诞生，则是扬弃旧理论的过程，必定能够完美地解释上一次危机的重要事件，但是就下一个不确定性的未来，未必能够应付；同样，在证券市场中牛市和熊市，不仅基本面不同，人们的预期也完全不一样。

我们在做投资时，总是需要一个长期逻辑来支撑我们进行短期的投资决策。这种长期逻辑，为我们的决策构成了一致性。但是，由于认识的不完备，导致我们的投资决策多多少少带有主观的猜测。预期与现实几乎总是不相符的，这必然会引发进一步反思。传统价值投资理念的反思，通常是拓展能力圈，对现实进行更多认识。然而，这只是其中一个环节。事实上，我们在反思的时候，还会对自我的投资理念进行完善，这会导致下一次哪怕出现相同的事实、相同的环境，我们的决策也会与上一次不一样，因为我们的认识会在自反思中发生变化。

反身性的自否定性特征，表达了自己的不安于现状，自我否定、超越，内在的不安心、自己运动。这主要体现为自我否定的能动性，来源于万物尤其是人、人类社会、人类历史的本性。自否定性体现在先接受其"A"，然后从其"非A"的视角再次把握，再通过反思，"非非A"，也就重新回到了"A"，就是常说的否定之否定。

在现实处理中，能够进行否定之否定的，必然先有一个"A"，把A的规定性吃透，其所以然搞清楚，然后进行否定之否定后，回到一个新的"A"，得到了升华。所以，这不是非A即B，而是一种扬弃。意识到了这一层，可以让我们很好地把握我们在不断变化之中的思维。我们今天所把握的牛市概念，和之前几年把握的概念是完全不同的。

我们会感觉每一次理解都更深入了，但是多年以后来看，过去的每一次深入，其实也不过是现在更深入之后的一个层次而已。正是由于人的自否定性，即使在我们的观念及基本因素没有任何变化的情况下，我们的预期都可能发生很大的变化。另外，哪怕在预期与现实相符的情况下，由于我们观念的升级，也可能改变了我们之前对事物发展的预期。这种永无止境的自我超越、自否定,是一种内在的运动,跟外界可以毫无关系。

当然,一个懒惰的人,可以永远守着旧的思想,思想上不升级,但是会发现总是与时代格格不入,原因不仅在于外面的世界发生了变化,连周围人的思想也发生了很大变化。换句话说,个人可以不进行自否定、自反思,但是就整个社会而言,这种升级却是促进社会环境大发展的核心动力之一。

通过对反身性的自反思和自否定的理解,可以把握住我们永远处于变动之中的思维。这种变动一方面是来源于存在也发生了变化,我们的思维要很好地认识存在,把握存在,参与到存在之中,另一方面,是我们思维自身不仅是想把握好某一个存在,而是对过去的、现在的,甚至是将来的,发生过的、还未发生的都想有一个完整的认识和把握。简单的如,哪怕股市休市了,企业还在运作,这是存在的变动。同时,我们还可以进行复盘,对市场认识工作还可以继续。这是第一个层次,需要进行补充的。意识到这一条,就已经能够明白,哪怕基本面没有任何变化,市场预期和股价之间就可以构成一个正反馈了。

因为我们预期自身就可以自行独立发展了,事实上甚至可以不用怎么变动,我们的思维就可以走得很远。第二个层次,就是反身性体现的思维和存在的双向互动,正反馈、负反馈。这是传统价值投资理念所缺失的,也就是认识会塑造事实,会通过我们的行为参与到现实之中,对基本面进行改造。这样,基本面并不是完全独立于我们的认识而自行发展的,失去了独立性的基本面,在一般情况下,还好理解,而一旦变成基本面的发展依赖市场预期的时候,基本面会变得很脆弱。

有了趋势投资理念、价值投资理念和组合投资理念,并且以上三种投资理念都解决了现实问题,难道以上三种理念就没有不足吗? 在实际操作的时候就没有现实问题吗? 答案是,有不足,也有现实问题(备注: 我在这里简称组合投资理论,实际上是以马科维茨的资产组合理论为开端的,以及后面的资本市场理论,甚至是有效市场理论等，正如我后面所称的价值投资理论，则是指以格雷厄姆为开端的，以及后面的成长股投资和"自上而下""自下而上"的投资视角等）。

就拿价值投资理念来说，在牛市的背景下就显得捉襟见肘。假定一轮牛市指数上涨一倍，那么在指数从底部上涨20％时，其实核心资产从上一轮调整底部算起上涨了50％不止，而且还有不少二流的企业上涨同样不会低于50％。同时，按照绝对估值的方法，其实很多股票的估值也不便宜了，因为在牛市之前往往还会经历结构性市场。所以，真正的核心资产上涨的时间和幅度都比牛市确定的时候要长很多。

这样就会导致牛市中几乎不会存在高盈利、高增长、低估值的公司。而传统价值投资想要寻找的基本面安全边际买点就不会存在，这是现实问题，难道就不参与了吗？

同样，当牛市见顶后，其实不少企业的基本面并不会变化，它们同样会暴跌，原因主要是在牛市的疯狂阶段同样会被市场过分追捧，短期上涨幅度过大，同时累计涨幅也很大。而对于坚守传统价值投资理念的群体，会觉得此时这类优质企业的风险终于得到释放，从高位都释放了30％～40％了。殊不知，一轮牛市行情的主流板块通常不会成为下一轮行情的主流板块，一轮行情的领头羊股也难以成为下一轮行情的领头羊股。而且现实的残酷是，本轮行情的领头羊股通常还会跌去本轮涨幅的70％。

跌去70％的这个数值是美国欧奈尔做了经验性的研究所得出的结果。回顾A股市场过去的几轮牛熊，无论是2007年的大周期牛市，还是2015年的互联网牛市，其中的领头羊股都的确从高位下跌超过70％。而在高位下跌的过程中，其实不少公司的业绩还在继续增长，只是估值下降的幅度比业绩增速更快。所以等下一轮牛市来的时候，上轮主流板块涨幅也是落后的。这就是传统价值投资理念的重大缺陷，在择时方面显得非常捉襟见肘，并且非常主观。

以上还只是操作上面需要注意的不足，而如果把时间拉长，其实操作上的不足似乎可以用时间来消化，或者坚守能力圈内的标的，坚守安全边际，那么需要有足够的耐心。但是，这不是一个真实的价值投资者的市场，只是个人遵守的价值投资守则而已。

同样的趋势投资在牛市的背景下反而非常有价值，但是趋势投资理念就没有不足吗？答案肯定是有的，存在两个方面的不足。

纯趋势投资理念容易导向对基本面的完全忽视，这就导向纯粹的追涨杀跌。买的是什么标的，标的属于什么行业，行业的前景是怎样的，买的公司在行业的地位是怎样的，这只股票的市场流动性怎样，市场预期怎样的基本面前景，以及机构和游资为何追捧这家公司，如果对以上问题全然不知，那么一旦杀跌的时候，很可能也是逃跑似的抢着抛售，而完全不知可能只是市场的干扰而已。

另外一个不足就是，趋势投资理念在明显存在趋势的市场中比较好运用，可一旦到了震荡的市场里，可能就频繁止损。而这种震荡市，如果从价值投资理念来看，其实完全可以什么都不用理会。毕竟不是什么市场都是趋势市场，就像价值投资理念也必须运用在企业价值能够提升的企业才管用一样。既然无法忽视基本面对股价的影响，那么趋势投资事实上总是会被意外打断。

组合投资理念的优势和劣势也相当明显。对于一般投资人而言，最明显的优势是可以分散非系统性风险。马科维茨开启的可是现代资产组合理论的大时代，其威力可不是简单一句分散风险那么简单。同时其理念还在不断深化，比如可以发展到多因子模型和量化对冲基金。典型的如法玛-弗伦奇的三因素模型，其模型的系统风险因素有市场、规模、账面-市值。这是我们熟知的，小市值类型的股票在长期内比大市值具有更高的收益，低估值的股票在长期内比高估值的股票具有更高的收益。这种方法另外一大优势是可以进行不断经验检测和回归分析。

所以，由此又有更多的因子加入模型，比如动量因子（过去12个月，剔除最近一个月，涨幅排名靠前的，未来一段时间依然涨幅靠前，称为"强者恒强"）、质量因子（融合了盈利能力和安全性等财务指标），甚至还有分析师预期因子、流动性因子等。

现代的计算机技术，可以处理海量的数据，而组合投资理论正好可以将这些发挥到极致。传统的因子发现，主要是通过两种方法，一种是直接通过猜想（来源于经验观察或者理论推导），比如估值因子、成长因子；另一种是对过去模型因子的回归分析，发现了异象（理论和实际存在巨大差异，阿尔法比较显著），重新构造因子模型，或者加入新的因子。其缺点也很明显，因子数量会越来越多，解释起来也是一件很麻烦的事情。毫无疑问，这种科学的方法，同时非常理性客观交易，在极大程度上避免了传统价值投资的主观判断的缺点，也不需要对行业，对公司深度理解、深入调研，节省了大量成本。更重要的是，可复制性、可操作性还很强。

这就极大地推动了整个基金行业的发展，不论是指数型基金，还是对冲基金，量化基金。就拿国内公募界来说，正由于投资组合理论的运用，一套成熟的、可复制的模型还在推动整个行业的基金经理向年轻化发展。你会发现公募界很多年轻的基金经理，2～4年经验就可以管理数十亿元，甚至数百亿元规模的基金。这都得益于投资组合理论的发展。

最后一个优势是，现在的绩效评价来源于夏普的研究。著名的夏普比率，就是融合了风险的绩效评价指标。在绩效评价时，可以进行业绩归因分析，得出业绩贡献是靠资产配置，还是靠证券选择、市场择时。在因子模型的理念下，还可以进行风格分析，得出到底是哪类因子提供了投资收益，典型的如Barra风险模型。综合以上，我们发现，组合投资理论的强大之处在于其开启了一个非常科学的投资之路。

难道组合投资理论就没有不足吗？巴菲特和芒格就对分散化投资嗤之以鼻。比如，资本资产定价模型的七条假设可以归结为两条：所有投资者都是一样的；市场是有效的。无论是从行为金融学还是从现实，我们都清晰地感受到这两条假设是站不住脚的。不然巴菲特就不可能长期获得超额收益。而且，如果投资人接受这些，那么会完全相信市场，因为在市场有效的假设下，所有的信息都在股价上被反映了。

有前景的好公司股价会高高在上，没有前景的公司股价也会在地板上，那么对股票的研究就没有什么意义了，市场价格反映了所有信息。这会导致信任的人，直接转为趋势投资。因为反过来想，如果一家公司股价持续强劲，则表明公司未来发展具有前景；如果一家公司股价持续疲弱，则表明公司前景堪忧。那么也就不需要进行基本面研究了，而如果市场有效，则公司的发展前景就可以通过股价的持续强弱度来衡量。这样会导致搭便车。而如果搭便车的人增多，正如牛市时期，会滋生大量搭便车的行为。甚至，直接买入指数基金会成为最省事的选择。

反身性理论的倡导者和支持者对随机漫步理论，对马科维茨开启的现代资产组合理论及后面的有效市场理论也是嗤之以鼻的。反身性理论的经典著作对市场有效性、理性预期大力批评。有效市场理论的前提假设是人的认识是完备的，最终的结论是每个人只能获得市场收益，超越市场收益是不可能的。对此，反身性理论著作无论在理论上还是现实上都给予了强烈批评。

因为反身性理论就首先接受人的认识是不完备的，市场是有错的，这是与有效市场理论直接相反的。而对以基本分析为主导的价值投资理论则进行了仔细分析，可以说评价是很高的。比如，一方面称反身性才是市场的真规则，另外又提到反身性无法替代基本分析，一个是动态的，另一个是静态的，两者可以调和。在此基础上，也极力批评了以基本分析为主导的价值投资理论。认为组合投资和价值投资都是建立在"均衡"理论的思维模式之上。组合投资理念系列属于证券市场层面的均衡理论，基于基本分析的价值投资则是属于投资标的的均衡理论，不论是市场层面还是投资对象层面，都是借助了许多均衡理论的思想，典型的假设是：人的认识是完备的，每个人的行为都是理性的，预期是符合现实的。

均衡分析由于略去了认识函数而取消了历史性的变化（事件），经济理论采用的供求曲线仅仅是参与函数的曲线表达，认识函数为完备知识的假说所取代。如果考虑到认识函数的作用，市场上发生的事件就可以改变需求和供给曲线的形态，并且永远不会达到经济学者信誓旦旦的均衡。删除认识函数所导致的影响究竟有多大？换句话说，因漠视参与者的偏向而导入的失真严重到什么程度？在金融市场中，这种失真变得严重起来了。参与者的偏向是确定价格的一个因素，市场行情的任何重要变化无不受到参与者偏向的影响。寻求均衡价格的行为必然是徒劳无益的，而关于均衡价格的理论本身却有可能成为参与者偏向的一个极其丰富的来源。转述摩根的话就是，金融市场将继续波动。在试图描述宏观经济运行时，均衡分析就完全不适用了，它主张参与者的决策以完备的知识为基础，再也找不出比它更远离现实的假设了。在现实生活中，人们只能在他们所能找到的随便什么路标的帮助下摸索着预测未来，而事件的结果常常和预期相左，从而导致不断变化的预期和不断变化的事件结果，这是一个反身性的过程。

投资是一项社会活动，能够持续稳定盈利才是目的，而不是探讨市场的对与错。那么把趋势投资理念、价值投资理念、组合投资理念综合起来运用是否弥补了相互之间的不足呢？答案是弥补了许多，但还是有不足。欧奈尔的CANSLIM法则就是将基于基本面的价值投资和基于市场面的趋势投资结合得很好的典范，并且通过其过去几十年的回测，效果非常好。但是这只适合中小投资者，对于大资金就会使得频繁进行的交易和仓位管理发生巨大变化。对于机构，还是应该坚持配置的视角，比如公募，而拥有更加长期负债端的养老金、社保基金就更不用多说了。

另外，公募也有实力进行价值投资，他们有专业的研究团队，能够对企业价值进行评估。私募就显得尴尬许多，因为私募的运营成本比公募要高得多，且一旦出现业绩大幅下滑，就会面临客户永久流失的风险。

机构是把价值投资和组合投资理论结合得比较好的典范，但是由于它们属于基金管理者，这就使得它们很难进行低仓位等择时操作，而是进行积极的证券选择。在牛市的时候，其实也是基金规模快速起来的时候，这会导致股价与基本面的二次放大，因为市场整体上涨，所以通过分散化组合管理的基金，其净值大多也会普遍上升，净值的上升会直接吸引更多的投资者进行申购，进而推动整个市场的估值继续提升，这是一个典型的正反馈。

由于机构还会考虑各标的之间的相对估值，同时又必须保持高仓位运行，结果会导致行业轮动现象，以及阶段性的风格切换现象。这并不一定需要多大的基本面短期发生根本性的相对变化就可以形成。而每一个牛市中大调整的时机也是行业发生轮动或者风格发生变化的时候。这其实表明了一般的机构投资者的脆弱性，几乎很难进行长时间或者大范围的逆向操作。所以，正确认识各自理论的长处与不足，才能够客观地看待基本面、市场面和做好投资决策。

反身性理论始终不是科学的理论。而经济学和金融学几乎都被均衡理论所"统治"，行为经济学和行为金融学，以及复杂理论对于现实世界具有解释力，但是其直接运用价值在普通大众领域依然有限。机构投资者需要像价值投资和组合投资理论那样的科学理论作为依据，因为这两种理论的确解决了很多问题，它们都完美地符合"D-N"模型，具有极强的解释力和预测力。比如，价值投资预言，只要企业持续高质量的成长，其长期回报率会与企业盈利增长相当。组合投资预言，法玛–弗伦奇三因子模型的小市值比大市值有更高的收益，低估值比高估值具有更高的收益。甚至在有效市场理论指导下，被动型指数投资有了理论依据，并得到快速兴起。

然而，反身性价值投资理念可以辩证地把以上所有理念全部综合起来。可以用机构的视角看市场，用价值的理念看企业，用风险管理的视角对待自身的投资决策，甚至用定量的工具来进行投资决策流程化管理。

同时，有了对市场主流偏见、基本趋势、股价走势和策略适配的理解，那么我们就可以就事论事，具体问题具体分析，依据不同的企业类型、不同的市场环境，采取不同的策略。而不是一味地进行综合得出万能的投资策略，而是在遵循基本风险管理的原则下，最大化投资收益，做到兵来将挡，水来土掩。而不是永远从一个视角看世界，用一种投资策略应对所有的市场环境，同时如果自身的投资风险偏好有所调整，即使基本面和市场环境相同，我们的策略也应该灵活多变。

在操作层面，反身性价值投资理念运用同样存在三个鲜明特征：风险管理第一，构建假说、进行检验，适当扩大利润。

4.1　风险管理第一

因为反身性理念认为，我们的认识是不完备的。所以，反身性理念认为市场是错的，自然也包括作为参与者的每一个个体都是错的，那么我也可能是错的。所以，我们在操作的时候是需要给自己留有空间的，也就是风险管理是第一位的。再有把握的投资机会，也不可能是百分之百有把握的。

从时间维度上来说，无论是过去被证明了的多么优秀的企业，未来也不一定继续优秀；无论现在估值是多么便宜的企业，未来估值未必会回归历史均值。换句话说，我们不能把过去的历史经验和概括出来的规律强加于未来，那种规律不具有必然性，正是来源于理念的根源，不完备的认识。所以，真正的价值投资者，一定是保守主义者和风险控制大师。放弃百分之百的确定性，留有余地，是一种生存哲学。

同时，由于反身性理念的自反思和自否定特性，所以，反身性价值投资天生具有批评性质。是批评性的价值投资，是扬弃了的价值投资，这是在自反馈之前的。所以，基于这种思想，证券市场应该是没有权威一说的。无论是来自理论界，还是来自实干家，我们对他们的言行都要采取扬弃的方式来吸收接纳。同时在具体实操的时候，也要明白，即使他们的言行存在着错误，但是也会对现实构成重大影响，这一点同样是不容忽视的。然而，现实情况恰恰相反，就价值投资来说，就需要个体对企业能够有好的基本面分析，同时还需要进行合理价值判断，这不是一件容易的事情。

然而，现实世界中总是存在着某个领域的专家和权威人士，那种搭便车的行为是合理的生活现象。在日常生活中，我们几乎每天都在进行"搭便车"的行为。我指的是不仅搭权威专家的便车，还搭自己过去成功经验的便车。而在证券市场中，搭便车行为最典型的莫过于买入人人皆知的好公司，或者参与大家都认可的牛市结构。很多专家其实也在搭便车，他们可能对某个领域理解得更深，但可能只不过是吸收了过去的几位前辈大师的思想而已，所以，无论是思想上，还是行动上，完全保持百分之百客观、独立的分析和判断几乎是不可能的。

还好现实是检验预期的标尺。那些与现实相符的预期得到了加强，与现实不符的得到了修正。这种现象与动物世界的刺激—反应模式中的趋利避害几乎没有太大的区别。只是我们的思想可以非常具有逻辑性和复杂性，但单就结果而言，似乎看不出太大的差异。所以，我们的投资行为，其实很难说是科学的。

因为，无论预期符不符合现实，都难言对错，只能知道是加强的还是修正的。而通过回顾历史，往往在加强的时候，反而风险会逐步累积。对于意识到这一点的人，可以保持一份清醒，及时撤退。但是，哪怕意识到这一点的人，也难以与之对抗，因为完全可能遭到人群的踩踏。最后似乎沦落为一句感叹，趋势为王，无论是股价层面的还是基本面的趋势。而至于何时趋势到头，准确的时间点，不可预测。但是精明的投资人，还是能够留意蛛丝马迹，而一旦等到信号确立，必然要遭受一定的损失。所以，无论是修正的，还是加强的，风险管理都要始终伴随。

4.2 构建假说，进行检验

如果是修正的，自然是要及时认错，接受既定的亏损。如果有幸参与加强的，则要好好把握。因为，是否加强，事前也往往难以百分之百确定。

那么，我们在具体实操的时候，就会采用试错法。试错法的具体运用就是构建假说，进行检验。事实上，市场运行的本质就是在检验假说，只是那些通过了检验的假说，实现了正反馈；而那些被证伪了的假说，则形成负反馈。而个人要想在市场中取胜，不一定对基本面的预见要多么正确，因为基本面也可能只是市场假说中的待检验要素之一。而对市场在检验什么的洞见则是非常重要的。所以，有人对金融市场运行的本质，用炼金术来形容。

而传统价值投资理念者，通常是通过证实的思想，通过历史经验得出某个规律，或者通过理论推导得出某个模型，然后通过事实信息、数据整理，也就是波普尔的"D-N"模型，但是这条思路会使得正反馈发生，直到此循环达到极限。对于极度严格的证实主义者，他们在市场泡沫初期就会退出市场，而在熊市初期也会进入市场。但是，巴菲特可不是依靠价值回归而成为世界首富的。如果是依靠均衡主义的价值回归思想，他的名气不会超过他的导师格雷厄姆。他是通过企业的价值增长，通过把握优质企业，靠时间来实现股票增值的，而不是通过简单的低估买入、高估卖出。那么从这个角度讲，用理念套现实来推测未来，在社会实践领域，是得不出一致的答案的。

而事实上，巴菲特价值投资理念的核心思想主要是遵循了一个大的原则：时间是好生意的朋友。通过在合适的价格，买入未来价值能够持续增长的企业，时间会让股价涨上去的。这是一条非常朴实的法则，甚至不需要股票市场开门，也是可行的。但是对于在股票市场进行投资的群体，尤其对于大多数机构群体，需要依靠股票市场的流动性而进出，股价的意义就是非常重大的。上市公司在很多时候的发展，也是需要借助资本市场进行再融资，包括但不限于发定增、可转债等。股价不仅反映了企业价值，还是一个支付工具。那么，董事会在启动再融资的时候，就不得不考虑股价了。而再融资的获得，通常会直接影响到企业的未来前景。

所以，笔者总结，巴菲特价值投资理念主要适合运用于成熟市场中的卓越企业，这个领域的市场格局非常清晰，公司治理非常良好，企业不需要投入太多的资本开支进行研发，产品不需要每隔几年就继续更新换代，市场口碑已经很好。由于经济在发展，竞争也是非常激烈的，市场是很残酷的，这样的企业真的少之又少。

而资本市场作为市场经济的核心动力，主要还是在促进企业不断发展中持续发挥着作用。很少有跨国企业在发展中是通过纯内生增长起来的，换句话说，在巨头崛起的路上，在登上资本市场的时候，不是终点，而是新的起点，一个可以更加快速发展的起点。而且，这是90%以上的企业都想要进行的，但是由于二八法则，80%的兼并重组又都是失败的。再加上，技术革新的不连续性，经济的周期性，那么市场也会呈现盛衰周期。

所以，反身性投资理念有一个核心的模型，就是盛衰循环模型，因为在时间维度上，不确定是一个原则。而在空间上，呈现着明显的盛极而衰特征。那么，何时是一个正向循环启动，何时又结束，就是一个值得重视的投资课题。如何捕捉这种市场运行机遇，就得要一个符合现实的模型，反身性理念下的盛衰循环模型，就是一个构建假说、进行检验的模型。

而如何捕捉，就是先接受市场的"是"，把市场运行的核心脉络拎出来，然后寻找认知和事实的差异。

而的确不是什么时候、什么企业都符合反身性投资理念的，而且事实上在不少时候，不少企业的价值判断问题是能够用简单的价值模型，成长股投资模型，甚至是牛市或者熊市下趋势模型解决的，留意股价走势关键特征、基本面的基本特征、市场运行环境，选择合适的模型，构建吻合市场的假说的价值也正在于此。

芒格也说道，在拿着锤子的人眼里，到处都是钉子。这非常形象地表明了只持有一种静态视角的人看市场，很容易陷入僵死的二元世界。比如，只用价值理念看投资，就免不了用高估、低估来择时，而通过实践表明，高估了的不一定是卖点，低估了的可能会被更加低估；而转为成长理念，会发现高估往往有其市场合理性，低估了的也往往有基本面本身存在的某种问题，但是只用成长逻辑看投资，又免不了要陷入高成长陷阱，一旦业绩增速稍稍不达预期，就可能快速杀跌，且高成长往往也是股价在高位，导致不敢买，这又陷入了两难的境地。

而转为反身性理念，可能只要发现股价和基本面处于双向加强的正反馈阶段，就可以假定其处于良性循环之中。而一味只考虑企业基本面和对于自身股价的关系，而忽略了市场环境，会发现很多情况在熊市背景下，高成长、低估的价值股和良性循环的股票可能都不好使，因为此时市场参与者已经从追求盈利的进攻模式转为了防风险的防御模式。

很多时候我们总想着有自己独立的判断，那么自然会导向一开始就排斥市场的观点。但是，事实证明，恰恰相反，我们要先接受市场的观点。这有点类似趋势投资者的名言：市场是对的。没错，我们就先接受市场对的一面，顺着市场的脉络进行理解，仔细留意股价走势，检查基本面的核心要素，看这种市场的逻辑是长逻辑还是短逻辑，是逻辑推动的，还是市场环境推动的。

由于我们知道市场的认知必定是不完备的，而市场在某个阶段会让一些基本因素同预期相互加强，而忽视与加强相关性不大的要素。这样我们就已经建立了加强阶段的对立面了。在加强的时候，对立面的要素可能发挥不了多大作用，而一旦从加强阶段走到了疯狂阶段，市场人士也会发现预期过了头，那么也可能有一批投资者开始撤退，这完全可能动摇继续参与人士的信念，从而导致预期开始摇摆，几次过后，股价高位大幅震荡，动荡的股价削弱了市场加强的预期，直至市场崩盘。

那么，在这个过程中，对于反身性价值投资者而言，可能一开始发现市场处于价值修复阶段，这时有一批深度跟踪的价值投资者在参与，接着发现企业的基本面的确好转，并且市场也接受了企业长期成长的可能性，股价继续走高，这是一批成长型投资者在推动。

结果市场继续走高，并且整个市场环境不错，牛市背景下，这么好的业绩，形成了所谓的戴维斯双击，这时一批价值型配置的机构开始参与，但可能属于被动参与者。所以，对于反身性价值投资来说，他们会清晰地发现，在1～2年内同样的企业，可能由于所处股价的阶段、市场环境的不同以及自身经营业绩的轻微变化，会由不同类型的投资者主导市场预期。

4.3　适当扩大利润

除了留有余地，把风险意识放在第一位外。反身性价值投资理念在投资决策中的重大意义在于"在对的时候多赚些，在错的时候少亏些"。这是多么熟悉的一句名言。很多用传统价值投资理念的人会认为赚一个企业成长的钱，或者赚一个价值回归的钱。由于前面谈到的，企业成长股价并不一定上涨，价值也不一定回归。而投资者也不可能均匀地把资产投入到所看好的企业中，也不可能任何时候都是以同样的仓位进行股票资产配置。所以，这就存在着策略适配。在遵循风险第一的原则下，就要用策略来扩大利润。

其实需要找出自身的投资风险敞口、自身预期与市场预期、市场预期与基本趋势相匹配的时候，这个时候就可以适当扩大利润了。为什么还是适当呢? 因为第一条，市场的不确定性，需要始终把风险意识放在第一位。而在证明是对的时候，才放大风险敞口。

所以，反身性价值投资理念其实在理念上是比传统价值投资更加严格的，在操作上也更加保守。但是由于其更符合市场运行的特征，反而是实现超额收益的真正价值投资理念。

第 5 章

市场偏见：牛/熊偏见、结构性偏见、个股的市场主流偏见

　　预期在市场中的作用是非常直接的，比如，2018年雷曼兄弟的倒闭，就引发了全球金融危机。但是，反身性价值投资理念有不同的观点，它认为人们对"雷曼兄弟倒闭"这个事件的解读，一连串的预期，导致金融危机成为现实。因为原本是房地产次贷危机，是一个局部性的，但是后面变成了一个全球性的金融危机。而如果政府及时救助了这些金融机构，那么完全有可能是另外一番景象，全球性的金融危机则可能避免。尽管局部性的危机不可避免，毕竟当时房地产的泡沫已经吹得太大了。

　　我们常规的认识是一个事件导致另一个事件，前一个事件被解释为原因，后一个事件被解释为结果。这样看似很合理，但是其实并不尽然。如果没有对前一个事件的解读和预期，那么后一个事件则是有可能完全不一样的。这正是反身性想要表达的意思，观念在事件进展中发挥着极大的作用。

　　我们看一下最近发生的例子。2020年的疫情对股市，特别是美股的冲击，此时悲观的人群甚至把它与1929年的大萧条进行对比分析，至少从股市层面而言，恐慌性抛售连巴菲特都惊呼。如果市场参与者把这个事件锚定在1929年，那么他对股市、对经济一定是非常悲观的。在他的脑海中已经浮现了接下来一连串的美国市场预期。比如：金融机构的倒闭、经济快速下滑、失业的加剧、债务的攀升、消费的萎靡，等等。这样的人群，一定是现金为王的，任何风险资产都不要碰，黄金和现金是最好的选择。

　　但是，当各国央行打出一系列组合拳后，当市场也逐步反弹后，当情况逐步得到控制后，各国政府出台一系列刺激政策。市场预期又转变了，转变最多的认为接下来会进入类似2009年的大反弹。比如，货币宽松、财政刺激；再比如，新产业政策推出、新基建的出台等。尤其是新基建，人们开始与2009年的旧基建进行类比。但只要锚定在2009年上面，市场预期开始转向积极了。市场也大幅反弹，尤其美国股市2020年4月份成为1930年后单月涨幅最大的月份。

但只要仔细想一想, 这种通过当下的重大事件来锚定过去的方式, 并非完全理性的, 却是一种常见的市场观念。如果用科学的态度来批判, 那么人们的主流认识通常会是错的, 但是却会对后续人们的行为产生非常大的影响, 同样个人的认识对个人的行为也是直接的。只不过, 个人的认识不一定对整体构成巨大影响, 而一旦人们的认识达到某种普遍的 "共识" 则一定会对后续事情的发展构成巨大影响。

5.1　牛/熊偏见

在股票市场中, 存在着一种常见的偏见, 就是牛市/熊市或者结构性行情。我们先说牛市/熊市, 这是在股市的发展初期最常见的市场叫法, 也是在道氏理论中进行过详细论述的, 同样也是第一批股票作手的制胜法则, "牛市做多, 熊市做空" "赚大钱靠大势"。

首先, 让我们来回顾最近的几轮牛熊吧, 2005年至2007年以股权分置为标志, 一轮轰轰烈烈的牛市启动, 这是载入中国证券史册的大牛市。这轮牛市成就了很多人的财富传奇。很多股票在短短两年多时间里上涨了数十倍, 十倍以上的达到200只。而上证指数也是上涨了5倍, 可谓遍地黄金。牛市不仅造就了很多数十倍涨幅的牛股, 也造就了很多财富传奇, 这些财富传奇在市场中不断传播。

区间分析-涨跌幅度 沪深A股 区间: 2005-07-16,六 至 2007-10-20,六

	代码	名称	涨跌幅度↓	前收盘	最高
1	600109	国金证券	68.99 5519.20%	1.25	81.99
2	000887	中鼎股份	17.18 5368.75%	0.32	17.50
3	000612	焦作万方	61.69 5318.10%	1.16	67.98
4	600497	驰宏锌锗	107.52 5024.30%	2.14	112.99
5	600685	中船防务	89.66 4669.79%	1.92	102.89
6	600739	辽宁成大	62.05 4562.50%	1.36	66.10
7	000686	东北证券	62.48 4400.00%	1.42	74.88
8	000878	云南铜业	82.50 4166.67%	1.98	98.02
9	600150	中国船舶	248.68 3885.63%	6.40	300.00
10	000718	苏宁环球	37.31 3731.00%	1.00	51.11
11	000807	云铝股份	34.27 3725.00%	0.92	37.99
12	600804	鹏博士	28.17 3393.98%	0.83	33.33
13	600547	山东黄金	165.02 3242.04%	5.09	201.50
14	600859	王府井	38.80 3233.33%	1.20	56.57
15	000623	吉林敖东	86.33 3008.01%	2.87	93.00
16	600489	中金黄金	122.13 2887.23%	4.23	159.60
17	600517	置信电气	46.70 2847.56%	1.64	59.49
18	000568	泸州老窖	67.62 2829.29%	2.39	74.25
10	000060	中金岭南	60.74 2812.04%	2.16	71.97
20	000831	五矿稀土	45.33 2714.37%	1.67	47.50
21	000046	泛海控股	58.02 2673.73%	2.17	71.30
22	000952	广济药业	34.49 2653.08%	1.30	51.58
23	600030	中信证券	101.91 2535.07%	4.02	116.38
24	600595	ST中孚	37.85 2523.33%	1.50	43.26
25	000655	金岭矿业	40.07 2488.82%	1.61	47.38
26	600961	株冶集团	35.56 2469.44%	1.44	42.95
27	600072	中船科技	46.77 2398.46%	1.95	63.97
28	600137	浪莎股份	40.76 2329.14%	1.75	85.00
29	600550	保变电气	58.78 2269.50%	2.59	67.47
30	600362	江西铜业	64.68 2253.66%	2.87	78.50
31	000690	宝新能源	24.91 2244.14%	1.11	26.80

　　牛市出牛股，牛市也造就了很多所谓的"股神"，而巴菲特的经典语录也成为人们学习的对象，长期持有、复利思想等，而更吸引人的其实还是财富传奇。如果没有财富传奇，巴菲特讲的话和巴菲特的事迹一定会大打折扣，甚至几乎听不到他的声音。但不管怎么说，巴菲特的成功和财富传奇，让其被称为所谓的"股神"。那么梦想着在A股发财致富的人们，既有现实的牛市的赚钱效应，又有所谓的"股神"作为行为指南，他们大批来到股市，梦想着财富神话也能够实现。

　　有了海外的大牛市行情，有了海外投资大师作为学习的榜样，有了媒体和券商对市场的解读和对投资机会的挖掘。在中国只能做多才能赚钱的市场，牛市则成为人人梦想的市场。所以，中国诞生了很多牛市名词：大国牛、改革牛、复兴牛、科技牛等。只要行情一启动，牛市之声又会回到投资者耳中，而为牛市取名字也是常见的事情。

　　事实上，给牛市取名字的过程，就是市场参与者之间无形达成牛市偏见的过程，他们会把经济层面的、政策层面的、行业和企业层面的、中国和海外发展能够对标的各种路径进行预演，逐步形成一条相对清晰的路径。行情启动，赚钱效应爆棚，一场自编自导自演的牛市行情就可以拉开序幕了。但是，由于是自编自导自演的，所以牛市行情通常未必能够成功上演，结果不免失望，甚至绝望。那么进入预期修正阶段，牛市不行，就结构性行情吧，哪怕震荡行情也是可以考虑的。

　　熊市时，获利丰厚的人逐步退场，风险预期加剧。比如历史上有名的几轮熊市，1929年美股熊市，跌破净值的不计其数，抄底大军几乎全军覆没，价值投资大师格雷厄姆也几近破产。经典的如历史上的大熊市，还伴随着金融危机，甚至是经济危机。不仅财富缩水，甚至会出现大量企业倒闭和失业，进而对正常的生活开支构成巨大影响，而身在熊市中的股票账户也的确缩水严重，这种恐惧的心理也会油然而生：保留现金，割肉吧，不割肉还在跌。所以，"熊市割肉要趁早"，也成为至理名言。在熊市中，财富梦想破灭，周边还会传播很多人惨亏的事件，炒股破产的报道不绝于耳。

同时，熊市中，所谓的"股神"也会很惨。不论是价值投资派还是趋势投资派，这个时候似乎都失灵了。趋势投资一买，趋势就进入末期了，下跌比上涨更迅速；价值投资买的价值股也不管用，长期持有变成了长期套牢，直至成为股东。换句话说，熊市让投资人的投资理念也经受巨大考验，投资方法和投资纪律深受冲击。

熊市的惨淡和牛市的盛宴形成鲜明对比。两个市场偏见均足以勾起初入市场人士的强烈预期，同时也是人们最容易传播的和熟悉的市场词眼。但这是比较初级的，尽管初级，却也是影响范围很广，传播速度最快的市场偏见之一，而且很多牛熊通常有经济的、政策的重大因素参与进来。

5.2　结构性偏见

结构性偏见是一种中层次的，在广度及影响上不及牛/熊偏见，但更具有深度和持久力。结构性偏见以结构性的行情呈现出来，比如2000年的互联网行情，2007年的大周期行情，2013年白酒结构性风险释放，2015年互联网+行情，2019年典型的核心资产大行情。

如果结构性偏见足够强大，它们的内涵，也就是所覆盖的行业和产业比较广，通常还可以引导一轮不错的牛市行情，而这里的主角就会被冠上"某某"牛市，"某某"则成为行情的主流板块。所以，抓行情抓主线，抓主流板块也成为牛市做多下的一个投资选股思路。很多趋势投资，就是只做行情主线，只做引领牛市的主流板块。

从财富效应上来说，结构性行情没有牛市那么大，但是对于市场存量参与者却是一个赛出水平的市场环境。比如2015年后截至目前，要是参与大消费板块，一定比参与上游大宗板块要强。而在2019年四季度，如果能够参与以半导体为代表的硬核科技板块，那么可以抵得上一个全面的小牛市行情了。

在结构性偏见上，通常会存在一个与行业或者产业逻辑对应的主题逻辑，比如最近一年多的半导体行业，就是国产替代的逻辑。在寻找主题逻辑上，通常有个方法就是参照。那么像很多行业和产业的发展阶段就可以参照其他国家已经走过的发展路径，并将其作为我们的投资指导，比如市场空间、市场渗透率、行业集中度、龙头企业的市场份额等。这样我们就可以对相关行业和产业进行合理预期了，也就能指导相关的投资决策了。除了参照这条简单的逻辑之外，还有产业转移、国产替代等逻辑。核心主线都差不了太多，就是通过过去的、历史的进程来指导我们对未来进行预测。

而如果是一个全新的，比如互联网＋和新兴产业牛市，那最好有"权威人士"的发言来做背书，这样也可以形成一个结构性牛市偏见。这种"权威人士"，可以来自政府层面的，也可以是产业、实业层面的，但最好是最认可的"权威人士"。比如产业政策，战略性七大新兴产业；再比如乔布斯、马斯克等著名企业家所引领的智能手机和新能源电动车浪潮。换句话说，全新的结构性偏见，最好是政策推动的，或者科技创新领域。

从组合投资理论的视角，结构性偏见则需要把多因子模型的风险因子融进来考察。那么行业、板块可能在多因子模型的视角中，只是一个行业因子而已。而多因子模型还有很多风格因子，比如市场因子、规模因子、价值因子、动量因子、质量因子、成长因子、低波动因子、换手因子等。

而这些风格因子在不同的行业在驱动力方面又具有不同的效果，比如规模因子在新兴产业就比较显著，而当大盘风格占优的时候，权重板块（金融等）往往取得超额收益。当低估值风格占优的时候，金融地产等强周期板块能够有较好的表现；而高估值风格占优的时候，TMT板块、医药以及新兴产业相关板块往往表现较好。从这个角度会发现，为何TMT板块和医药板块的相关性会那么强，在信息技术和医药板块权重占比较大的创业板，这两大板块都属于成长风格。这也是过去两年这两大板块表现都较好的原因之一。

因为在多因子模型的视角下，以上的风格因子都属于系统性风险。跟普通投资者认为的（剔除单个行业个别公司的特有风险）牛市下，绝大部分股票都涨，只是涨多涨少的问题；熊市下，绝大部分股票会跌，只是跌多跌少的问题，其实是一个道理。当某一个风格占据主导的时候，与之相反的风格便会出现截然相反的效果。

所以，不要总是按照高盈利、高成长、低估值的价值投资标准来看待市场。还需要从市场组合的视角，从多因子模型的视角来看待市场，因为当市场偏向成长风格时，哪怕其成长是比较缓慢甚至不稳定的，这类股票也能够获得市场青睐。

查看过去两年的行情，其实价值因子持续跑输市场。事实上，不少传统行业中的个别企业就属于高盈利水平、成长也不错的企业，但是由于其行业属性和不属于成长风格，就没有享受市场的估值溢价。

再比如，过去几年，尤其是在2016年后掀起了大盘股风格，在2017年表现尤甚。那个时候的上证50、中证100与中证1000、创业板相关中小盘指数就形成鲜明对比，大盘股走明显的牛市风格，小盘股则走明显的熊市风格。

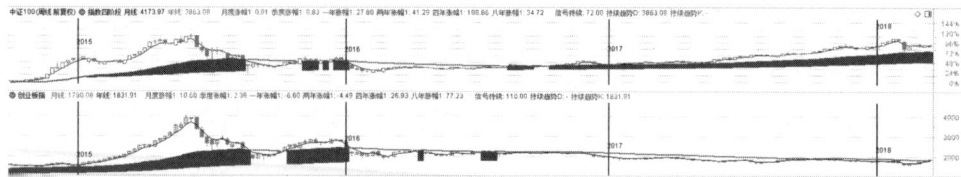

所以，从行业风格，从代表证券特征的细分因子视角，可以得出我们不能只看大势的结论。需要注意哪怕是大牛市，也有主流板块的和非主流板块之分。不论是2000年互联网科技股，还是2007年的大周期牛市，抑或是2013—2015年的新兴产业牛市。我们都应抓住这些被冠以"某某"牛市的主流板块，相应的，与之风格相反的板块则要尽量避免。

与此同时，还需要进一步查看市场是偏向哪类风格。这种风格也是具有较强的持续性的，市场风格并不是只持续几日、几周，通常是持续数月，甚至数年之久。当然，有些风格就持续较短，比如动量因子，太短的就会变成反转因子了。而规模因子、质量因子、估值因子等就会持续较长时间。这就成为继行业属性的结构性偏见后的另外一种结构性视角了。

5.3　再论市场风格

从风格的角度, 我们熟知有行业因子、风格因子。从行业风格视角, 其实还可以细分为大类行业和细分子行业, 比如白酒、食品都属于必须消费品一类, 医药、家电都属于可选消费, 必须消费和可选消费又属于大消费这一类。

从证券特征角度, 风格因子有可能分为规模因子、估值因子、质量因子等。

我们从风格因子仔细往里边看, 其实存在着内部对抗的属性。比如我们从行业的视角, 可以说2007年属于大周期的牛市, 2013—2015年属于新兴产业的牛市。但是我们也可以说, 2007年属于价值股牛市, 2013—2015年属于成长股牛市。

从风格因子视角, 还可以细分, 2007年属于大盘价值股风格主导的牛市, 2013—2015年属于小盘成长股风格主导的牛市。再比如最近几年的行情, 2017年就属于大盘价值绩优股的结构性牛市, 这一年的金融板块龙头股, 比如工商银行、平安银行、平安保险就表现比较突出。而在2019—2020年的结构性牛市中, 这些股票则表现平平, 因为2019—2020年开启了价值股转向成长股的风格转变, 但规模因子依然还是大盘风格, 小盘风格表现得依然不占优。2020年下半年就是典型的大盘成长风格牛市。

换句话说, 我们熟知的风格转换, 其实已经成为机构投资时代必然要熟知的思维方式。因为风格视角的由来, 就是从现代投资组合理论到资本资产定价模型, 再到套利定价模型, 一直到多因子模型一路发展起来的。会发现很多公募会发布的某某价值基金、某某成长基金, 甚至是指数增强基金, 其实都属于某一种特定风格。而现在机构主导着市场的话语权, 它们正是靠这种思路在进行投资组合管理, 在进行着投资策略制定。说得直白一点, 它们的调仓换股, 牵动着整个市场的走向, 而调仓换股的主要视角之一就是从市场风格出发。

当然, 仅从市场风格来看待市场, 总是缺少了形成市场特定风格主导市场的基本面因素, 实际上风格分析和基本面分析并不矛盾, 两者可以调和。比如, 贵州茅台在2016年后的业绩的确好转，整个白酒行业的景气度也在提升（主要是高端白酒和行业内企业的转型升级），这几年各行各业的行业集中度也在向龙头集中，所以核心资产才表现得非常突出。而市场从2016年到2020年大部分也是呈现出以贵州茅台和白酒为特征的市场风格，也即大盘风格，甚至伴随着贵州茅台的估值提升，价值因子也从价值风格转变为成长风格。

但是，从风格的角度，我们会发现风格持续和风格扩散的现象。就从刚刚的简短风格也能够发现，风格形成包含基本面的因素，而基本面通常具有较强的持续性。所以，这种拥有基本面支撑的市场风格也具有很强的持续性。比如这几年的龙头风格就一直持续着，成长风格也持续了两年。

而在市场上某一种市场风格具有明显优势时，这种风格的影响会扩散到带有这种风格属性的标的。典型的就是行业风格了，比如贵州茅台上涨，那么会扩散到白酒板块，尤其是高端白酒板块的上涨。再比如，证券股的上涨，会带动整个金融股的上涨，不仅是证券股，银行、保险股也会跟着上涨。如果从风格因子的视角，贵州茅台的上涨，还会带动整个大盘成长股的风格上涨。所以会发现贵州茅台，不仅跟五粮液的走势相关性很高，跟海天味业、恒瑞医药、迈瑞医疗相关性也较高，甚至跟兆易创新、宁德时代、隆基股份的相关性也较高。只要兆易创新、宁德时代、隆基股份的成长性得到市场的认可，那么其股价就可以加速上涨，因为其行业因子比消费类更富有弹性。

相反的，如果某些标的原本属于成长风格，而公司的经营结果证伪了公司成长性，那么这是非常糟糕的表现。因为市场已经给予了这类因子溢价，而一旦市场发现自己错了，那么带有这种预期的参与者将会出局，导致股价迅速杀跌。同样的，如果某些标的原本不属于成长风格，但是事后被证明其具有持续成长性，那么会得到市场青睐，导致股价在短时间内就可能上涨数倍。这两年的芯片设计股、消费建材股就属于典型的例子。

从市场风格可以很好地解读市场运行的大体逻辑。那种自上而下或者自下而上的价值投资分析方法能够很好地解读基本面，但是对整个市场的运行的解读却显得捉襟见肘。

这样，从市场风格的视角刚好可以解答市场很多不知名股票的走势方向问题。比如，2020年7月中旬至10月份，不停地看到市场有些高位白马股突然杀跌，很多人就去咨询券商研究员，询问公司动态，再次梳理公司长期发展逻辑，得出的结论是，股价上涨过多，短期风险释放，公司基本面没变，长期看好。

可是等股价持续回落的时候，甚至当回落后继续调整的时候，便开始怀疑公司的发展前景了，开始关注公司基本面细微的不利影响因素了，觉得是自己对基本面研究不够深入，还有没意识到的基本面因素。

以上的分析思路是典型只站在以基本面因素为主的价值投资理念上看问题，只要股价上涨，就是公司有超预期的基本面利好因素；只要股价下跌，就是公司有超预期的基本面不利因素。这种直线式的股价和公司经营正相关的思维模式是多么单调乏味。殊不知市场风格的切换并不一定是基本面自身的绝对变化，更直接的是基本面的相对变化以及市场投资者的预期变化，这一点甚至是不需要宏观因素的大变动。

市场风格分析还有更大的用处。这几年国内量化投资发展迅速，毕竟因子分析甚至是因子挖掘需要海量计算，那么以计算机作为辅助工具的量化投资就能够发挥其优势。利用它们可以对各类因子的显著性进行分析，从而得出各类股票对各种风格因子的敏感度，就可以进一步为构建投资组合、进行投资组合管理提供依据了。事实上，基金经理的价值也在于此，可以识别证券特征、市场运行阶段，抓住要害，构建投资组合，同时动态地依据环境变化调整组合，以达到积极管理投资组合的目的。

5.4 个股的市场主流偏见

投资最后都得落实到具体投资标的上，作为深度跟踪企业的参与者自然会对标的未来发展有所预期。这种预期主要体现在两个方面，一方面最直接的表现就是股价走势预期了。事实上，不论是趋势投资者、价值投资者还是组合投资者都对股价有所预期的，只是价值投资者对股价长期有所预期，组合投资者对不同类型企业股价的不同风险因素敏感性有对应的预期，同时对市场风格偏好也有所预期，而趋势投资者则对股价的短期有所预期。另外一个方面，就是对企业的基本面发展有所预期，比如盈利能力、发展前景、市场份额等，同时也对企业的潜在风险点有所预期，比如增速放缓、风格偏好逆转、收益回撤比过大等。

对企业基本面的预期是基本面分析者进行估值的基础。对企业的发展没有预期，那么在运用基本面进行投资时似乎就难以选股，也难以择时。价值投资者与趋势投资者巨大差异中的一点就体现在选股上。趋势投资者会选择上涨趋势标的进行操作，而价值投资者会选择业绩优良的企业进行跟踪，同时在合理的价格进行买入。而价格怎样才算合理，就需要对企业价值进行评估。企业的价值最重要的在于未来，而不是过去和现在，但是未来总是需要投资者对其基本面进行预测。

为了预测企业的未来，就需要对企业的经营和企业的经营环境进行方方面面分析。企业的经营环境，包括竞争环境、政策环境、宏观经济环境等。对以上每一个环节的分析，都需要拥有极高的专业知识作为支撑。拥有了相关的知识，再加上具体的标的和环境，似乎就可以对企业的未来有所预期。

然而，预期与现实通常是有偏差的。如果偏差不大，则无伤大雅。如果偏差很大，那么在企业层面或者环境层面发生较大变化的时候，投资者在修正预期的时候，会导致股价直接发生突变。这一点是趋势投资者难以理解的，因为趋势投资者通常把股市当作一个封闭系统，股价的走势通常被一些工具加以平滑和过滤。但是由于基本面的突变，引起预期大幅变化，其所导致的股价突变会打破趋势投资者的线性处理规则。

个股预期的巨变，不仅是趋势投资者难以接受的，连价值投资者常常也难以理解。大厦怎么可能瞬间倒塌呢？外部因素的冲击怎么会导致股价发生如此巨大的变化呢？而这两种情况经常会出现。一旦发生，对于同样把线性思维作为主导的价值投资者，可能出现灭顶之灾，因为价值投资者会认为此时的股价可能更加便宜了，甚至认为基本面短暂变化恰好给予了买入的绝佳时机。越跌越买，或者在基本面长期逻辑不变的情况下，短期基本面变差可能成为价值投资者认为的买点。

然而，单个企业的基本面特有因素在决定市场预期方面到底发挥多大作用以及在多长时间内市场对这些特有因素发挥作用都是值得商榷的。所以，其效果并不像价值投资者所认为的那样。不是企业一遇到自身的利好，股价就应该上涨；一遇到利空，股价就应该下跌。而且，正如前面提到的，在牛市背景下，在企业符合市场风格偏好下，公司短暂的经营业绩完全可能并不是决定当时其股价走势的核心因素。

2020 年就是一个鲜明的例子，2 月底的时候全球金融市场处于特殊因素的恐慌阶段。那个时候是系统性风险主导的市场，什么股票都下跌，无论什么风格、什么业绩的标的都一样。但恐慌情绪过后，市场的风格因素和行业、企业基本面的因素就会发挥重要的作用。其中市场的风格因素是少不了的。还能发现，2016 年至 2018 年，龙头股一直是这几年的风格偏好，等到创业板开启牛市行情时，小盘股才偶尔有所表现（因为 2018 年后的创业板跟 2015 年已经大不同，2015 年创业板最大权重股市值也没有超过 2 000 亿元，而到了 2019 年初，温氏股份、迈瑞医疗以及宁德时代逐步上市，创业板指数已经呈现大盘风格了）。这是纯基本面价值投资者一时难以理解的，怎么会有认为不具有持续竞争优势的行业二线股表现得比龙头股更好的。只从基本面，甚至只从单个企业的因素来比较，是有失偏颇的。

所以，无论是趋势投资者、组合投资者，还是价值投资者，如果没有辩证的思维，只是一味地停留在自己所接受的投资理念世界中，那么被现实教训是迟早的事情。从价值投资者的视角很容易发现组合投资者的思路存在明显的类别思想特征，把具有相同特征的股票作为一个类别，进行了削平拉齐式的操作。但现在这种思路却被机构投资者作为投资组合管理的基石。而作为价值投资者，擅长从宏观、行业、企业视角进行针对性分析，甚至可以进行企业商业本质的第一性原理思考，找出其发展的关键要素和核心驱动力，但是对于市场的把握就稍显不足，甚至还有鄙视观察市场的成分。殊不知，在投资人需要进行资产负债匹配、风险收益考核的时候，组合投资理论的一整套思想是机构投资人不可或缺的。

价值投资者不仅对市场有漠视的感觉，而且对于企业长期的预测其实也存在巨大的投资风险，那种随着现实的教训，从绝对估值的价值投资者（绝对的性价比）逐步改为相对估值的价值投资者（优质企业合理估值），比比皆是。而如果完全接受了市场的理性，那么迟早会接受被动指数投资和趋势投资的思想，因为这两种策略都属于明显的搭便车策略，而一旦市场高度有效，搭便车将是投资成本最小的最优方式。很明显，市场不能简单用有效和无效来概括，趋势投资也只能在市场运行的中期阶段比较有用，或者在明显的趋势市场中。

趋势投资在个股中的运用，由于完全忽略证券的基本面因素，就会陷入封闭的思维困境。趋势投资的预期，总是认为市场按照趋势运行。而殊不知，80%的企业的趋势其实是不明显的，因为要么跟随大势，要么随机游走。

反身性价值投资理念指出，不论是牛熊、结构性，还是个股，首先都是带有偏见的，都是不完备的。接受人认识的不完备，接受自己认识的不完备。那么对未来只能用"如果……那么……""假定……接下来可能是……"的思维方式。换句话说，尽管认为市场参与者的认识都是错的，但是哪怕是错的认识，也会对现实构成巨大的影响。那么我们就先假定市场运行的逻辑，肯定市场的预期，然后采取严格的证伪的方式来检验假说，只要没有被证伪，就继续按照这条假说的主旋律进行决策。但是，对于投资者，在接受市场主流偏见的时候，最好能够理解其中的缺失，不能完全没有自己独立的见解，不然就变成一个纯趋势跟踪者、纯市场指数投资者或者纯价值跟踪者了。

所以，反身性价值投资是动态的，是非线性的。也不需要像传统价值投资理念那样对基本面进行充分分析、调研，才敢参与投资。可以先投资后研究，即先肯定、接受市场运行的逻辑，然后再采取证伪的思路去严格审视市场运行的逻辑，得出自己独立的判断。

反身性价值投资理念以市场主流偏见作为出发点，而不是基本面，还有更深层次的内涵。这其实是一个哲学命题，就像你来到一个房间，让你看，而不给你任何假定。那么每个人看到的其实可以是不一样的，在物理学家的眼里看到的是原子，化学家眼里看到的是分子，生物学家眼里看到的是细胞，艺术家看到的是绚烂画卷。可是，一旦有了一个市场主流偏见，就好办了很多，大家看的基本面其实差别不会太大。这也被认为是市场有效的基石，每一个参与者都在试图把基本面理解透，个人可能理解不到位，但是市场总会弥补个人的认知不足。但是，认识基本面只是一个方面，而决定当下行情走向的是市场如何解读基本面，以及对市场未来的预期是怎样的。

一千个读者就有一千个哈姆雷特。哈姆雷特只有一个，但是解读的结果却跟读者数量一样多。看似上市公司只有几千家，但是对上市公司的解读却不比投资人的数量少。这一点必须承认，那么如何解决呢？直接解读，可以通过媒体和券商的报告。毕竟媒体和券商的观点会链接到产业界、实业界和投资界的各种观点。所以，要知道偏见，其实不是一件难事。事实上，我们的观点在信息大爆炸的互联网时代，很难逃离媒体的观点。媒体解读的视角在某种程度上会左右大众的想法，这点是传统价值投资理念完全忽略的。

我们也不必成为万事通，更没必要做信息的领先者。我们需要熟知市场的主流投资理论，以及市场、宏观环境、行业、企业所运行的各自阶段或特征，那么我们就能够在市场主流偏见的基础上，结合基本因素来构造假说，这是反身性价值投资的运行方式。事实上，市场也是在构造假说，在检验假说，只是市场并不知道。这就是反身性价值投资者所理解的市场运行方式和应对策略。

第 6 章

企业价值、基本趋势、基本面

股票价格形成的根基还是企业，市值在一定程度上就代表着企业价值，引起股价长期变动趋势的根本性力量还是由基本趋势所决定，而构成基本因素的方方面面就是基本面了。这些都是进行股票投资所必不可少的常识。然而，很多人还是对企业价值、基本趋势甚至基本面等关键性字眼没有很好地加以区分理解。

从反身性的视角来说，绝对意义上的基本面是不可能触及的，投资者更多倾向于基本面的变好或者变坏以及好坏的时间，也即基本趋势。而企业价值则存在理论层面的估值，市值是市场参与者的企业权益部分交易值。而对于个人而言，企业价值也是仁者见仁智者见智的。值得肯定的是，如果企业没有价值，股票投资则毫无根基，不重视基本因素，没有基本趋势的跟踪和判断，则股票投资无从下手。

所以，对于价值投资者本章的重要性是不言而喻的，而反身性价值投资同样重视基本因素，所以其重要性是一样的，只是会摆在一个合适的位置，只是不像纯价值投资者那样具有唯一性。

6.1 企业价值

企业是有价值的，这是股票交易的基石。股价走势反映了企业的价值增长或者缩减，这是价值投资理念的信仰。市场上对企业价值的评估有很多模型，比如自由现金流贴现模型、股利贴现模型等。这些都是比较静态的价值评估模型，由于企业价值评估牵扯评估人对企业未来的预期收益，那么不同的投资人评估的企业价值理应不同。

反身性价值投资理念的落脚点还是价值投资，不需要对企业进行准确估值，但要对基本趋势有所洞见。正是因为企业的基本趋势足够强劲，比如连续的高盈利、高增长，那么是会引发投资者对企业未来的良好前景的预期的。

但是，基本趋势足够强劲，企业连续高盈利、高增长，企业的价值就是增长的吗？答案是否定的，甚至是截然相反的。比如，假定资本成本不变，市场之前给予的预期增长是今年100%，明年80%，后年50%，后续五到十年20%。而实际上，去年的增长是120%，今年增速放缓到80%了，尽管还是高增长，但是低于预期，市场要修正估值了。那么在投资人眼里，企业的价值反而缩减了。

既然企业的价值，在股市上重要的实际是估值。而这种估值牵扯到市场预期，也就是市场主流偏见了，这种估值的变动在价值投资人眼里转化为股价。而如果实际的增速与预期的增速相符，那么估值实际上还是会变动，因为还与资金成本有关。也就是说，不同的经济环境，业绩符合预期，甚至是超出市场预期了，像上面那个案例，如果实际增长是120%，那么也是有可能不会给予那么高的估值，因为市场预期到当下正是行业繁荣期，接下来可能就要进入衰退了。

所以，那种认为高盈利、高增长，企业的估值就一定提升，股价一定上涨，并不存在必然性。但是价值投资可以把时间拉长，比如拉长到5～10年，穿越一个行业周期，穿越一个经济周期，如果企业依然能够保持稳定增长，那么给予一个相对合理的估值倍数，股价的累计涨幅就可以与企业盈利的增长挂钩了。这也是巴菲特为什么说股权其实是一个浮动的债权的原因。

债权的收益是固定的约定利息，随着时间的累计，会产生复利效应。而股权，尽管每一年公司的利润增长是不固定的，但是如果是一个持续盈利的企业，在假定估值合理且买入的估值具有安全边际的情况下，随着持有股权的时间足够长，那么长期持有这只股票的涨幅就类似债权的累积涨幅了。

如果明白了这一点，作为一个真正的传统价值投资者，不仅不应该过分关注股价和市场预期，同时也不应该把企业短期的经营业绩、经济周期、政策考虑得太重。因为，以上因素全部有利也不一定导致最终的企业价值增长，典型的如周期性行业，在繁荣期，财务报表非常好看，在繁荣初期价值是增长的，但是市场蛋糕就那么大，整个行业都赚钱的时候，其实真正拥有长期竞争力的企业的价值反而可能缩减了；高速成长的新兴行业同样如此，整个行业快速发展，具有高盈利能力的未必会成为最终赢家，可能估值最大的、融资最快速的，快速抢占市场的企业反而有望成为最终赢家，比如互联网企业，最后就是典型的赢家通吃。

也有可能走得缓慢的成为赢家，因为融资最快的企业快速投资的生产线，可能没过几年就过时了，又或者市场的需求没有跟上行业的供给，导致步伐太快的企业出现了现金流问题，出现了财务危机，导致市场对企业决策者对整个行业生命周期的节奏把握和企业发展长期的持续稳定性的信心大打折扣。

价值投资者不考虑企业长期逻辑，不想做长线布局的话，基本上不是真正的价值投资。因为，决定企业短期走势的是市场预期，不是短期的业绩增长。价值只有在把时间拉长，才有其现实意义，对于那些估值上百倍的，与其说是在进行成长性投资，不如说是做风投。

6.2 基本趋势

但是，反身性价值投资，可以不用过分考虑企业的估值问题，但需要对基本趋势进行把握。比如，公司的产品价格走势、成本走势、市场份额增减、盈利能力、利润增速等，看起来是不是非常熟悉。其实我们经常对这些基本趋势进行跟踪，基本趋势是实实在在的，而企业估值由于包含了市场预期，已经变得个性化了。基本趋势是唯一的、实时的、客观的；企业价值是多样的、相对的、个性化的。

基本趋势跟踪和基本面分析又是另外一回事。基本面分析，很多投资者会把决定企业盈利的方方面面面进行拆分，试图找到其中的核心要素和核心驱动力。如果找到了，那么就可以进行短期的，比如1~2年的盈利预测了，这正是券商干的活。进行现金流贴现通常需要预测5~10年的盈利情况，而预测5~10年是比较难的。但是如果能够预测1~2年的盈利情况，再通过一个历史的或者行业的平均估值倍数,就可以测算未来1~2年的股价空间了。

通过基本面分析,就可以进行预测了,这样就能够进一步指导投资决策了,至少可以指导我们进行1~2年的决策。

另外,找到了核心要素和核心驱动力,还可以实时地进行基本面业绩跟踪,那么在接下来的时间里,还可以紧跟基本面信息,及时调整基本面预期,这样就能够提前于市场许多投资者。既有自己对企业的独立判断,又有预测的依据和结论,还能够进行实时修正和检验,看似非常合理且有效。

然而,诚如反身性理念所表达的,市场运行的逻辑并不需要对基本面的预测有多准。你再准能有上市公司的高管、产业界一线人士准吗?再说了,准又能怎么样,因为这不是决定短期股价走势的核心力量,只要能够理解到大致的基本趋势就够了。比如2019年的5G投资机会,你真的不需要知道高频高速PCB的具体每个月的经营情况、订单多少,你只需要知道订单份额大致情况,未来增长空间和未来几年的可能增速大致是多少就可以了,因为市场已经把未来几年的情况预期进去了。那么,短期的一个月、一个季度的数据准确性就不是那么重要了。

另外,市场预期所要检验的基本面要素和很多投资人总是从自己的视角出发所寻找的各种基本面信息未必是一致的。在市场中,你必须自己理解市场预期,然后去核查这些基本面因素是否能够如期得到检验。通过了检验,市场预期会得到加强;没有通过,市场预期就会修正。

但是,前面也提过,市场总是存在偏见的,那么市场预期可能就是错的。实际情况可能会是市场错了,而你对了,但是你却很痛苦,你明明是对的,却被市场惩罚了。

对趋势投资者而言,由于他们主要是跟市,所以,无论市场如何预期,他们总认为市场都是对的。而对于传统价值投资者,如果市场预期极度悲观,则在设法找到一个基本面的安全边际,如果达到安全边际,则可以买入;如果市场预期极度乐观，导致泡沫过大，也可以提前卖出。

而反身性价值投资者有不同的看法，如果市场预期极度悲观，股价持续下跌，那么可能影响基本面，导致基本趋势也下滑，那么所谓的基本面的安全边际可能荡然无存，市场预期、股价、基本趋势进入了一个负面的反馈环；同样的，如果市场预期极度乐观，股价持续上涨，那么可能影响基本面，导致基本趋势得到加强，那么短期看似是泡沫，实际上可能企业价值得到快速提升，市场预期、股价和基本趋势进入了一个正向的反馈环。

这样的情况，其实很多，那么只按照自己的视角来做所谓的独立基本面判断不仅很难，而且有效性大打折扣。甚至有些时候的效果还不如趋势投资者，尤其在牛市/熊市出现系统性机会/风险的时候。

6.3 基本面

反身性理念同样认为，始终存在一个真实的世界，它就在那里。在市场预期下和股价影响下，基本面可能得到加强，但是这个时候的基本面、股价同时滑入了非常脆弱的境地。而基本面实际上是一个综合的存在，市场预期下的"基本面"，尽管也是真实的，但不是全面的。事实上，哪怕在全面走向繁荣的时候，基本面也有负面的因素存在；同样的，在全面走向衰退的时候，基本面也有正面的因素存在。所以，时刻需要辩证思维。

那种一边倒的市场预期，其实是需要警惕的。这就是为什么说，在赚钱的时候，如果没有找到市场预期的缺陷，反而感觉不安，找到了其中的缺陷，反而是比较兴奋的原因。既要接受市场预期，同时又要做到自我否定，否定其实是很痛苦的。这种不安感会一直存在，这是与趋势投资、价值投资完全不同的地方。

但如果像巴菲特所说，做长期投资，把投资当成一门生意。在自己的能力圈内耕耘，那么事实上是比完全按照市场偏见来做投资具有长期优势的。这也是目前很多投资机构喜欢请产业界的人的缘故，既然不论是传统价值投资，还是反身性价值投资，对基本面都得要有自己独立的见解，那么就与相关领域的专家团形成信息的交流，这样就可以有深度地研究和跟踪了。这与前面提到的准确预测短期的经营业绩不同，不试图去预测，而是着重理解行业发展的脉络。

当然，最权威的、最具价值的还是产业界的企业在投资什么，在布局什么，听听实业家的声音，是有必要的。这与听消息、预测业绩来指导二级市场投资决策完全不是一个目的。

所以，从产业界的长期逻辑出发，有时短期的业绩可能需要反着看，这是与市场预期无关的，纯基本面的短期和长期也存在着不一致的地方。比如，受黑天鹅事件影响，导致需求放缓，行业竞争加剧，产品价格下跌，整个行业的利润都下滑，但是这个时候可能就需要反过来看，尽管市场预期可能是负的，但是龙头企业的长期投资逻辑反而可能得到进一步的加强，因为行业的不景气，可能加速了产业出清，具有某种优势，比如成本优势、规模优势、品牌优势等，它们在后续的发展中可能使市场份额能够得到快速提升。那么一旦因为相关事件而导致的中期的悲观预期反转，龙头企业的长期逻辑凸显，尽管短期业绩可能还没有快速回升，但股价可能已经先于短期的基本面而快速上涨了。而要把握住这一点，没有深入产业、不能理解产业的核心驱动力是不行的。

换句话说，就基本面而言，也分长期的、中期的。而传统价值投资理念实际真正应该把握的是长期的逻辑，比如竞争优势（护城河）、持续盈利能力、市场空间、竞争格局等；而中期的，如业绩增速、盈利情况等，则不应该那么看重。巴菲特所讲的大多是长期的基本面，而短期的盈利增速其实不是那么重要的。前面也从反身性价值投资理念梳理得出，短期的盈利因素是否决定短期股价，取决于市场预期。

那么，从这个角度而言，我们日常大多数做的基本面研究，主要适应于反身性价值投资，比如我们跟踪企业的盈利情况，预测接下来1～2年的业绩情况等。

第 7 章

牛/熊市、结构性行情、牛股

有了前面两章对牛/熊偏见、结构性偏见、个股的市场主流偏见和企业价值、基本趋势、基本面等讨论后，我们就能够建立起拥有市场背景的反身性价值投资模型了，从而进一步对投资之中最核心的要素——价格进行详细讨论。

7.1 两种背景模型

我们从市场出发，总是用牛/熊市或者结构性市场来做市场划分。同时，如果从基本面出发，我们也总是企图找到拥有强劲基本面的企业，这样的企业可能穿越牛熊。但如果从时空全面来看，市场有周期，企业有强弱，它们都在市场之中。而很多时候，牛市的时候，你会发现长牛股未必是短期爆发最厉害的标的，而在熊市的时候也无法保证长牛股不跌。所以，如果不把所有的情况做一个全面梳理，是难以看清市场运行的特征的。关于这一点算是笔者对反身性投资理念和价值投资理念的原创。也就是两个背景模型，分别是"强"偏见"弱"趋势模型和"弱"偏见"强"趋势模型。

7.2 "强"偏见"弱"趋势模型

非迭代的两种背景模型，第一种背景模型为"强"偏见"弱"趋势模型，它从市场偏见出发，认为由于历史性事件（事件之所以称为历史的，是因为它既改变了存在情景，也改变了人们看事物的理念，并且通常会导向相反的观点）导致市场偏见大幅反转，这时基本趋势的"变好"或"变坏"对价值的权重在参与者心中将大幅减少，价格主要由市场偏见主导，那么基本趋势暂时只起到一个次要的功能。典型的代表有牛市或熊市偏见（由于每次的牛市偏见和熊市偏见的基本面情景都是不同的，最好我们能够勾勒出"偏见和存在"具体化的牛市或熊市）。

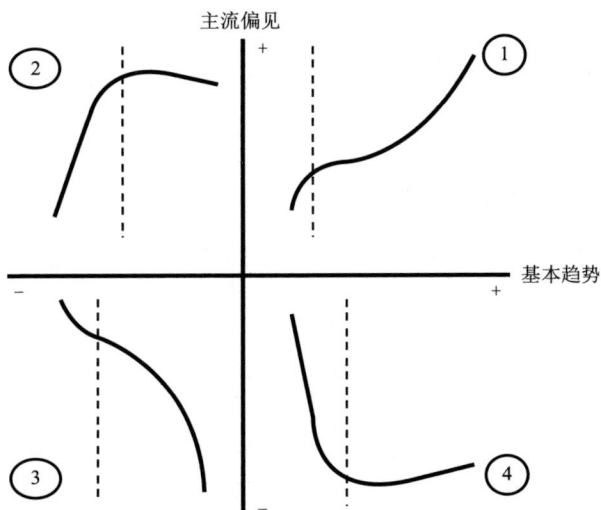

第一象限和第二象限，在牛市偏见下，不论是绩优股还是绩差股，均能获得较大涨幅。出现这样的现象，主要是由于市场偏见极度"乐观"，导致股价快速上涨，并且某些企业还能在上涨的过程中利用高估股票进行增发、定增，收购优质资产，可能进一步改善了基本趋势，从而会导致股价进一步上涨。这是在牛市偏见下，很常见的企业行为，甚至并购重组浪潮成为牛市的重头戏。市场可以是牛市，但是不可能所有的企业的基本趋势都会改善，这就存在第二象限。

第二象限，市场偏见极度"乐观"，但企业的基本趋势无法得到改善，企业的行业性质要么是成熟期的，要么是衰退期的。但在资金价格便宜的情况下，企业可以运用财务手段，降低资金成本，增厚利润。在经济环境向好的情况下，尤其是繁荣期，企业有增产的动机，结果导致盲目投资，基本趋势只能"更坏"，但只要市场偏见依然乐观，股价就会继续上涨。这是在牛市偏见下，大量成熟以及衰退行业的股价也会上涨的主要原因，跟随大势。其实，潮水退去，大部分企业会进入第三象限，股价回到原点，基本面一地鸡毛。

第三象限和第四象限，在熊市偏见下，不论是绩优股还是绩差股都会经历下跌，有些则是闪崩式的下挫。在熊市偏见下，由于市场偏见极度"悲观"，如果此时反观基本面，市场上可能有企业出现"现金流危机"，且有大面积蔓延、扩散现象，甚至出现企业倒闭潮。

有些企业尽管前景一片光明,但此时只要现金流管理不善,都有可能出现灭顶之灾,裁员、降薪、削减营销开支、削减研发开支、银行削减信贷等坏消息一个接着一个,股价加速下跌。但是有一些不受宏观经济影响,也拥有稳定现金流的企业,由于在牛市的时候市场偏见也不会太高,因为企业实在也不可能给予太高的期望,所以在熊市偏见下,股价也显得比较抗跌,而企业的基本趋势也的确稳健,所以在熊市偏见下还存在第四象限。

第四象限,熊市偏见下,尽管企业股价也无法避免短期大幅杀跌的命运,但是的确有一批非常稳健的企业主动发出市值被低估的信号,且有能力进行一系列市值管理方案,比如高管增持计划、员工持股计划、发行优先股、股份回购,等等,同时向资本市场释放出公司运营稳健,前途依然一片大好等信息。但由于市场极度"悲观",股价只是止跌,并在低位徘徊。

以上四个象限之所以说是静态的,是由于没有考虑到市场偏见对企业基本面的影响。如果在牛市偏见下,企业能够积极利用市场的时机,定增、并购或者向外扩张甚至跨界收购,则有可能将第二象限变成第一象限。这是在牛市偏见下,很多中等偏上或者普通的公司蜕变的良好时机。导致的结果是,股价与基本趋势都处于正循环之中。

相反,在熊市偏见下,则有可能看似非常了不起的公司,也会在股价下跌的时候把基本面中某些环节的问题放大,或者原本在牛市中掩盖的问题,在熊市中被暴露无遗,从而导致股价和基本趋势处于恶性循环之中,结果是很多第四象限的企业会进一步演变成第三象限的企业。

需要对背景模型稍做说明,借用了"象限"这个词,但是与正统的象限还是有所区别,比如其中的第一象限,表达了牛市偏见和企业的基本趋势为正的情景。但是时空通常是一致的,而在静态图中,时间轴融合到价格曲线中了,图中的价格曲线是自带时间轴的,看似两个因素,实际还是偏见、趋势和价格三要素图。

所以，我们的背景模型，实际上不是简单的趋势和偏见的关系图，而是拿偏见和趋势作为背景，来重点考察不同趋势和偏见背景下的价格走势。与传统的数学四象限不同，我在横轴和纵轴上也没有像价值投资模型和反身性模型那样加上箭头号。

所以，在此特别说明，底下的"弱"偏见"强"趋势模型同样是背景模型。用背景模型比较好理解，背景是静态的，但是实际中背景又会呈现不同的情况，所以多背景下，可以呈现出动态的情景。

7.3　"弱"偏见"强"趋势模型

第二种背景模型，"弱"偏见"强"趋势模型。忽视认知功能的变化，那么基本趋势变动，会导致股价相应变动，股价是基本面的反映，市场偏见只能短期左右价格。尽管偏见较弱，发挥的作用难以改变基本面，但是在市场中，这种"弱"偏见是非常常见的情形，也是传统价值投资分析的基石。但是，强弱是相对的，并不能完全忽视，尤其这种声音来自重大政策安排，比如重大的区域性政策、结构性政策、对外贸易政策，都可以对相应的板块短期内的偏见构成重大影响，尽管长期企业的基本趋势依然是不确定的。如果没有发生什么结构性偏见改变，那么自然就更加符合"弱"偏见"强"趋势模型了，这不正是日常市场投研人士的线性思维吗！

尽管他们会从产业链、行业以及经济环境来综合分析企业的基本面，但是这种分析都可以归结为"弱"偏见"强"趋势模型，因为行业、经济环境是动态的，那么把众多动态的因素作为分析的静态背景来推导单个企业的动态行为，本身就是矛盾的。即使巴菲特在运用这种"弱"偏见"强"趋势模型的时候，也是在寻找极端的情形。他始终在他的能力圈里寻找竞争壁垒极高的企业，这种企业拥有很宽的护城河。但是，众多的中小价值股，通常还是会受市场偏见的影响，哪怕排除牛/熊偏见，这种结构性偏见也是常见的情形，也依然是基本面分析的常见模型。这种情形常见于结构性市场或者震荡市场。

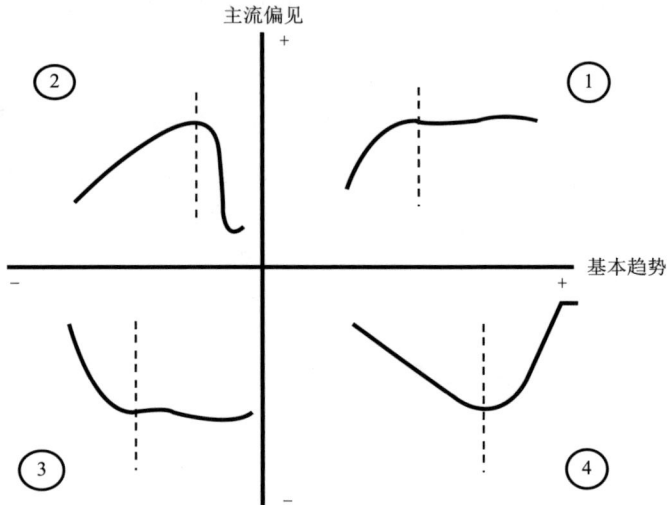

第一象限和第四象限，基本趋势都处于良性循环之中，只是市场偏见一正一负。在第一象限，由于基本趋势超预期"向好"，市场偏见也认识到这一变动，股价快速上涨，然后高位震荡。这也是我们经常在金融市场看到的现象，比如"新的"利好政策、上市公司公布"超预期"财报等，股价短期快速上涨，然后高位震荡。但是，尽管基本趋势一直处于良性循环之中，在某些时候仍有些负面的政策或者行业性负面消息冲击市场，导致市场偏见短暂转向，所以在平淡市场中也会存在第四象限。

第四象限，基本趋势处于良性循环之中，市场偏见仍然被经营环境或者企业本身某个环节出现负面情况冲击，股价快速下挫，但某些深度跟踪的参与者或者长线坚定价值投资者，认为这是一个捡便宜的好机会，开始参与进来，市场止跌并有所反弹。大众开始逐步意识到基本趋势也的确坚不可摧，前期的下跌只不过是市场的错杀，股价开始上演修复行情，并创出新高。

第二象限和第三象限，基本趋势都处于恶性循环之中，或者基本面都一般。在第二象限，市场偏见倾向于企业所在行业有繁荣憧憬或者政策支持，甚至企业的某些部分业务有极好预期。股价短暂地快速上涨，但是，时间是一块试金石，短暂的热情高涨后，企业的基本趋势依然疲软不堪，且在这之前本身就有投机者先撤掉，一旦后续企业公布的事实证实了基本趋势依然疲软，股价便快速下跌。

在第三象限，是有一批企业，基本趋势的确无法引起市场偏见的向好。反而在基本趋势一般的情况下，还继续爆雷，基本趋势进一步恶化，股价进一步下跌，然后止跌企稳，低位徘徊。

以上是两种简单一次迭代模型，所以都是静态的背景模型。这不符合"反身性"哲学观，而且导致的投资理念也较为静态。按照第一种观点，只要牛市偏见还在，买入一个组合坚定持有，基本面的好坏是次要的，牛市之中有几只股票不涨呢？按照第二种观点，忽视市场偏见的影响，只要基本面一路向好，买入持有，直到基本面变得不利。但运用起来也不是那么简单的，因为最有价值的基本面存在于未来，而不是现在。但是，无论如何，我们都必须在静态方面，承认这两个主要的背景模型。

7.4　股价走势

股价走势一直以来被市场人士甚至是专业投资人士肤浅地理解。就像明斯基批判具有资本市场色彩的经济理论一样，我们的市场经济同时运行着两种价格体系。一种是在实体的产品市场，它们定价模式是：成本加价；另一种是在资本资产市场，资产的定价模式是：预期资本收益贴现。但是预期资本收益贴现，关键不是资本收益该以多少资本成本贴现，而是预期这两个关键的字眼。而预期直接受参与者偏见的影响。

在实物资产中，各个参与者偏见无法汇总，所以预期的差异不会影响其他持有实物资产的投资人。但是，在金融市场中，在股票市场中，参与者偏见可以汇总成市场主流偏见，市场主流偏见直接影响金融市场的资产价格走势。参与者与市场建立起了反馈环，所以，市场又可以反过来直接影响参与者预期。哪怕没有改变预期，市场价格也会直接影响参与者的组合净值，从而对参与者的心理和行为构成直接影响。

更有甚者，每个参与者都有一张对应的资产负债表、利润表和现金流量表。股票市场参与者的净值会直接改变其资产负债率，而每个投资者不是资金的融出方就是资金的融入方。在已经建立稳定预期的基本趋势上，价格走势越平缓持久，反而越能导致投资者敢于融入资金加大投入，所以持续时间越久、越稳定的基本趋势，反而会导致累计的融资规模的加大和杠杆率的提高。

债券市场和房地产市场就是规模巨大的融资市场，同时也是杠杆运用很普遍的市场。越是风险低的资产，杠杆率反而越高，而一旦基本趋势扭转，由于参与的资金数额巨大，结果越能对金融系统和实体经济构成巨大影响，历史上的货币危机、债务危机、房地产危机一旦发生，都是灾难性的。回到股票市场，理论上，股票市场中的蓝筹股比中小盘股的融资规模和杠杆率更高。因为蓝筹股可以建立稳定的市场预期，而中小盘股由于更高的波动性，反而不是杠杆的摇篮。

没有杠杆可能吗？这是不可能的。资产的定义就要求其能够在未来产生收益，债券具有票息、房地产具有租金收入、股票能够产生浮动股利分红。资产对应了未来一串的现金流流入，而债务本质是对应一串现金流支出，而资本本质是追求利益最大化。

所以，为预期高收益的资产而进行的负债融资是很正常的市场行为。资产与杠杆（质押、抵押）天然就是一对孪生兄弟。不论是实体资产，还是金融资产。只存在杠杆率的高低，不存在没有杠杆的资产。而杠杆是一把双刃剑，能够加速资产的形成和资产的价格上涨，也能够导致资产形成的链条瓦解和价格的暴跌。

另外，基金公司管理的资产有杠杆吗？表面上看基金管理人和基金持有人是一种信托关系，但这是法律层面的关系。而从本质上来说，基金管理人管理的资金不是自己的钱，而是别人的钱。那么是别人的钱迟早是要归还的，不论信托管理1年还是3、5年，总是要还的。

尽管不需要利息，但是迟早要还，至少合约到期，基金持有人是可以自由赎回的。那么在这种程度上，股票市场的大机构都是杠杆买入者，而且是全杠杆买入者，因为基金管理人理论上不需要投入自有资本金。在连续的时间序列中，理论上每一个时间点都会有基金合约到期，那么只要股市行情不利，基金净值就会回撤大，回撤时间长。

那么，基金持有人都可能采取连续撤资的动作，这会加剧市场抛售，导致价格进一步下跌，结果导致其他基金产品净值进一步回撤。这是纯股价走势的恶性循环。相反，如果股价走势上涨，基金净值上升，基金持有人可能会加大申购，基金管理人也会加速发行产品，结果是纯股价走势的良性循环。

在宏观经济理论中，投资会等于利润。而正是因为资本资产的融资合约的形成才形成了新的投资。所以，融资产生投资，投资产生利润，并顺带形成工资和税收。而融资的形成本身也受偏见的影响，所以，对融资的预期和影响投资的政策，可以直接影响资产的价格，直接影响股票市场的价格。在宏观领域，政府的货币政策和财政政策，会直接影响到融资的可获得性和投资的增速，会缓慢地影响经济的走向，但是会立刻影响金融市场的价格走向。

美联储的货币政策直接影响着全球金融市场的价格走势，影响全球经济基本面的走向。宏观调控在一定程度上是预期管理，这点是显而易见的。但是这点，在股票市场，却没有得到足够的重视。股价走势会反过来影响持有者的预期、持有人的资产负债率以及财富。股价走势更会影响基本趋势，就像金融市场走势会影响经济走势一样，只是这种影响在不需要外部融资和生产必需品的企业不那么明显。但大多数企业的发展或多或少与金融市场是联系在一起的，甚至是非常紧密的。

在大周期行业和金融、房地产产业链，金融市场对这些行业的影响非常直接，政府政策、金融市场预期会直接影响这些行业的企业基本趋势的走向。而在生活必需品领域，比如食品和医药行业，一方面这些行业的资产负债率低并且可以依靠盈利再融资，另外一方面这些行业提供的产品通常是日常生活必需品。

企业的资本端和产品端与金融市场联系不是那么紧密，所以金融市场对这些行业的基本趋势影响相对少一些。但是只要行业内企业还具有提升规模效益的空间，食品和医药行业内成功的企业，也想利用资本市场股权再融资来加速企业发展，抢占市场份额和巩固市场地位，所以股价走势，也有可能会影响再融资的进程，进而影响到企业的基本趋势。

既然股价走势如此受市场主流偏见的影响，那么我们就可以建立基于市场主流偏见下的股价走势核心要素，比如市场背景的界定，主流板块的界定，领头羊股的界定。市场主流偏见是比较定性和抽象的，而这种界定是可以像基本趋势一样定量化的。

比如都可以按照沪深300、中证500、创业板指等宽基指数的周线图，依据月线和年线的趋势来界定牛熊背景。假定月线和年线均向上，那么这项宽基指数就是处于结构性向上的市场，如果沪深300和中证500、创业板指数的各自月线和年线均向上，那么整个市场就是牛市的。而如果有一些是向上，一些是向下的，那么就是结构性市场，如果全部都是向下的，则是熊市。

当然，还可以进一步通过板块指数来用类似的方法界定是哪些板块对指数作了主要贡献。而在此基础上通过相对强度指标就可以界定谁是主流板块。同样，在板块的基础上，再通过板块内比较的方法，就可以得出领涨股，这样市场的领头羊也能够抓出来。这些方法是技术性的，且比较好量化，类似评价企业的财务指标那样有效。

但是，与一般的技术分析不同的是，对股价走势基于市场的、板块的、个股的我们只用在界定上，而如何运用，还得将基本趋势、市场主流偏见和股价走势进行综合判断。

事实上，市场上不少趋势投资者，是完全不理会企业的基本面的，甚至有一些不成熟的投资者连市场环境都不理会，只顾分析个股的走势，那是非常危险的投资决策，因为完全破坏了股票首先作为权益资产的基本属性，同时也破坏了股价走势与整个市场环境的联动性。

反身性价值投资理念，事实上对纯基本面的分析方法和纯技术面的分析方法并不排除，但是会扬弃。比如对基本面的就不会太重视市盈率、市净率，对于技术面的就不会太重视个股的量价分析、反转或者中继形态判断。换句话说，那种能够依据纯基本面或者技术面判断方向的，反身性价值投资理念认为价值不大，而那些原汁原味表达基本面或者技术面要素的则可以先采纳，至于如何消化并运用，则用反身性价值投资理念来解读。

7.5　市　　场

股票市场其实是一个非常精密的交易体系。市场的流动性之所以超乎想象，正是因为可以从不同的立场或视角出发，得出完全不同的反身性投资决策指引。而如何理解市场对基本面的影响，其实只需要做一个极端的假设，假设股票市场关闭一年时间。那么股权投资似乎还可以进行，但是股权投资全是以专业人士之间推测的甚至是洽谈的价格为基础，无论这个机构如何具有权威，我们也会觉得其定价有失公允。而如果有一个二级市场，好的公司所有人都可以参与进来交易，那么其价格就会公允许多。

如果假设股票市场关闭一年时间，相信也会影响到一级市场的融资。一级市场融资少了，投资也会减少，那么对实体经济的发展就会产生很大的影响。这是最直接的股票市场对基本面的影响。这点在创新型领域，在新兴产业，股价走势反过来对市场预期和基本面的影响几乎是随处可见的。

对于纯二级市场而言，简单的理解就是各个股票持有人（包括实际控制人）相互之间进行交易。交易的对象既可以是实际控制人，也可以是战略投资人，还可以是长期价值投资人、资产配置人，甚至可以是纯投机人士。

第 8 章

市场主流偏见、基本趋势、股价走势和净值曲线的四重关系

反身性理念破除了单向度的思维方式，强调循环往复的思维模式。单向度的投资理念大多是静态的，趋势投资理念、价值投资理念和组合投资理念莫不如是。趋势投资理念可以简化为由价格推导价格，价值投资理念则可以简化为由基本面推导价格，组合投资理念则可以简化为由市场风格推导价格。而它们之间的相互影响则几乎完全不考虑了。毫无疑问，反身性理念强调它们之间的正反馈或者负反馈。

与此同时，在具体的实践层面，净值曲线还是一条重要的反馈环。净值曲线的重要性对于机构投资者而言就像企业的品牌价值。净值曲线走坏，机构投资者则完全可以不用理会市场层面的主流偏见，实体层面的基本面，以及所持有的个别优质股，在风控的规则下，要么主动缩减头寸，要么面临赎回的压力而被迫卖出头寸。而前面提到，股价走势会对市场主流偏见和基本趋势构成影响，那么如果市场上出现一批有分量的机构投资者的净值曲线走坏而被迫一致地执行砍仓动作，那么其影响是不言而喻的。

所以，就操作层面而言，留意风险敞口是很有必要的，因为这是市场主流偏见、基本趋势、股价走势之外的第四个重要因素。而只有意识到这四者之间的主要关系，才会形成有效的净值曲线管理策略匹配以上三者。

8.1 净值曲线

净值曲线如此重要，为何没有被认真对待，这是一大疑惑。资产管理人的首要任务就是做好净值曲线。在谈到净值曲线的重要性方面，先梳理股票投资与实物投资之间的区别。

组合投资，交叉持股。股票市场投资是组合投资，投资者通常会拥有一个组合。而投资一个项目，投资一家未上市的企业，通常会一个项目一个项目地评估，会对企业未来的预期收益进行测算，会综合评估未来可能发生的不利情景。而买卖的价格，还得跟企业的控制人进行洽谈，甚至还会请第三方机构进行尽调、评估等。

最后，退出也需要详细地规划好，甚至在一开始投入的时候就得考虑好未来可能的退出方式。但无论如何，不可能像股票交易市场一样，可以轻易地拥有那么多组合可能性。而同类型的股票和同样理念的投资者，还会形成交叉持有的现象，俗称"抱团"。

"抱团"是组合投资导致的必然现象，尤其当一轮牛市行情来临的时候，不论是结构性的牛市还是系统性的大牛市，机构与个人投资者，对大盘蓝筹股、对行业板块的"抱团"会充分体现，甚至会达到几乎单个企业的基本趋势差异性在决定股价的走势上无足轻重，单个企业的走势与对应的板块，与整个市场走势的联系越来越紧密。这是组合投资和交叉持股形成的特殊现象。

但是，一旦系统性风险来临的时候，也是争相卖出，比牛市的时候争相买入更加急迫。因为，面对可能的盈利，投资者总是试探性逐步地买入，还有可能有落袋为安的心理，而一旦面临资产快速缩水，那种账面浮亏会给投资者强烈的出逃信号。这是人的生存本能。所以，牛市的结束通常是以暴跌的方式开始的。

净值盯市，被动调整仓位。股票市场每天都在报价，投资人每天都可以看到自己净值的变动。股票也是一项资产，持有一项资产，持有人总是会对资产的净值有所预期。不会有人预期持有的资产每年会跌多少，但是总是预期每年应该要涨多少。但是个人的预期常常与市场相左，而预期与现实又可以从每天所持有的股票组合净值中体现出来，从持有的每只股票价格的涨跌中感受盈亏。那种完全忽略持有股票价格变动的投资人，完全不理会价格，不是骗人就是自欺欺人。这点连巴菲特也不例外。但是，巴菲特可以不理会几个月甚至一两年的价格变动。你也可以不理会，但是整个市场不可能不理会。

如果整个市场参与者都不理会，那么市场的流动性就会缺失。而市场的流动性出奇地好，所以市场参与者其实是非常在意股价变动的，而且还在不断地调整仓位。我们且不管，个人投资人是否需要因为净值曲线的变化而盯市，但是基金管理人，是一定要盯市的。另外，净值盯市，不是指每天看盘，而是股票账户的净值可以随着市场的涨跌而体现出浮亏或者浮盈，对于基金产品来说，则体现出净值的增长或缩水。

基金管理者尽管拥有专业知识、专业团队和高效的信息渠道，但在面对每个年度的业绩考核中，他们却比个人投资者对股票市场的波动更加敏感。因为，市场的每一次波动，会导致基金产品净值的变化。而基金产品在募集的时候，已经形成了历史的预期收益，尽管法律规定不能形成书面的或者口头的未来预期收益承诺，但对历史的收益/回撤介绍总是避免不了的。

更重要的是，基金产品中还设置了个股的平仓线和整个产品的清盘线。而个股的波动性总是存在的，组合来自个股，所以在平仓线和清盘线下，在基金管理人对市场的预期收益和基金的历史预期收益压力下，基金管理人也会不断地调整仓位。

隐形杠杆，被动加仓/清仓。每一项资产对应一项预期收益，股票也是资产，自然持有人对持有的每一只股票都有一项预期收益。对资产拥有预期收益，其实就已经构成隐形债务。而持有人就是"债权人"，市场就是"债务人"，持有人似乎在买入的时候，就跟市场在达成某种隐形"协议"，在心里与市场约定，大约未来某个时候会提供多少收益，而收益的体现就是股价的涨跌幅度。如果是基金管理者，还存在双重隐形债务。一是市场对基金管理人的，二是基金管理人对基金持有人的。

在有机构投资者的市场，基金持有人不懂企业价值分析，只管基金净值曲线，那么这种效果就更加明显了。市场突然急跌，跌破基金产品的预警线，基金经理就不得不被动减仓。

与此同时，由于市场急跌和基金经理的减仓，那么整个市场拥有对应股票的其他基金产品的净值也会快速缩水。如果市场不是快速反弹，同时那个导致突然急跌的因素并没有消除，那就会使基金经理对市场的预期下降，结果是有一部分基金管理者进一步减仓，市场进一步下跌。市场的持续下跌，导致其他基金管理人的产品净值进一步缩水。这是一种恶性循环，迟早会导致基金持有人主动赎回，甚至有基金产品清盘。

大部分基金持有人的选择不是进场抄底，而是赎回，因为亏钱了，这是很合理的行为，因为前面已经提到基金持有人只管净值曲线，不懂企业价值分析。在这个过程中，被动清盘的基金产品的基金管理人其实可能是对市场极度乐观的人，但完全可能是在市场中最先面临清盘的人。相反，如果市场快速上涨，且持续上涨，净值持续创新高，那么基金管理者可以加大仓位，同时由于净值上升的超预期，基金持有人还会继续申购，而不会觉得高估而赎回。因为赚钱了，继续投入是合理的，毕竟基金持有人只管净值曲线，不懂企业价值分析。

简而言之，有机构投资者的市场，就是隐形的杠杆市场。市场上涨，在组合投资下，基金的净值普遍上涨。净值随着市场上涨而上升，基金持有人会继续申购，结果是市场继续上涨，牛市构成或者延续。市场下跌，在组合投资下，基金的净值普遍下跌，净值随着市场下跌而缩小，基金持有人会选择赎回，结果是市场继续下跌，熊市继续。熊市之下，抄底的人，可能面临被人群践踏的命运，这就是现实。

事实上，哪怕不存在机构投资的市场，同样也会存在第一层隐形债务，参与者与市场的隐形债务。毕竟前面提到，股票是资产，是资产就会存在预期收益，存在预期收益，就构成了隐形债务。如果未来市场没有兑现参与者的心理预期收益，那么减少投资，抽出资金投入风险更低、回报更稳定的资产就成为可能。

除了隐形杠杆和隐形债务，还有显性杠杆。融资融券、股权质押等都是非常明显的杠杆操作。所以，不论怎样，资产与债务、资产与杠杆是一对分不开的孪生兄弟。

在组合投资、交叉持股、净值盯市和隐形债务、隐形杠杆下，会存在被动调整仓位和被动加仓/清仓的情况。被动调整仓位和被动加仓/清仓的区别在于，调仓换股只是对现有的权益规模进行调整，而被动加仓/清仓会导致基金份额的增加或者减少，一个是纯个人投资市场存在的现象，一个是拥有机构投资者的市场才有的现象，但是目前，没有机构投资参与的市场是不存在的。机构包括：养老基金、社保基金、公募基金、保险、券商资管以及私募。

综合来讲，被动地加减仓都是纯价格涨跌与投资者的反馈，不论是个人投资者还是机构投资者。毫无疑问，存在被动的就存在主动的。比如基本趋势走坏，那么投资者会选择主动地减仓。再比如较高的通货膨胀，市场预期利率会上升，所以投资者也有理由主动调整股票资产组合。这种主动调仓换股与被动调仓换股根本的不同在于一个关系到基本趋势和市场主流偏见，一个只是参与者的净值预期、净值曲线管理的要求和市场价格走势的反馈。那种完全脱离企业基本趋势，脱离基本面的被动调仓换股主导的行情显然是难以想象的，也难以持续。但是，如果完全忽略这种被动情形，同样是不可取的。

只有从净值曲线出发，从每个参与者的切身利益出发，才能够更好地理解市场运行的微观运行逻辑。传统静态的价值投资理念认为，价格回归价值。这是长期的逻辑。价值还需要后续时间来逐步验证，价值也无法定量，并且自始至终都是个性化的，是参与者估出来的。但是，如果从实际出发，会发现在牛熊/偏见和结构性偏见下，在市场组合投资和交叉持股现实下，个股的走势不是回归价值，而是跟随大势。这是很明显的，且可以直接观察得到的现象。这也是在没有价值投资理念时的投机大师利弗莫尔投资实战经验的高度总结。"不是猜测个股的涨跌，而是研究大势""大钱不存在于股票的日常小波动，大钱只存在大势之内。因此，你需要判定大势的走向"。

时至今日，在组合投资甚至是指数投资盛行的时代，个股跟随板块、跟随整个市场的现象更加普遍。组合投资理念中，所谓的分散，在一定程度上反而阻碍了传统价值投资理念者进行投资实践。因为传统价值投资理念者，在以机构为主的组合投资理念下，单个企业的价值将无法得到及时体现，而是呈现跟随大势的走势。所以，价格回归价值，可能几年之内都被市场趋势压制。同样，牛市的时候，垃圾股也可能飞上天。个股常常不是回归价值，而是跟随市场，这就是现实处境。

　　既然是现实处境，我们就不应该忽视，而应该正视起来。但是，我们也绝不能忽视价格长期回归价值这个逻辑。毕竟我们也通过撇开市场牛熊，得出企业股价长期是与企业的利润挂钩的。所以，我们需要将两者进行融合。而反身性价值投资理念正是运用反身性理念作为内核，来处理长期与短期、价格与价值、股价走势与净值曲线等对立统一的投资理念和投资实践的矛盾。

8.2　直接参与者

　　直接参与者主要是按照股东名册来划分的：产业资本、机构、个人（游资、小散）。产业资本通常着眼中长期，属于战略投资人，而机构通常属于财务投资人，个人主要指非控股股东的中小投资人，但是在 A 股还有一个独特的投资群体存在，也就是游资。按照投资理念来说，产业资本主要看中企业的长期价值，而机构大多属于价值匹配型的，毕竟机构的资金来源属于资金供给方（比如养老金、保单、基民等），而普通个人的资金大多是自有的，游资属于快枪手，小散数量众多，大多属于跟风者，至少是投资理念不坚定者。

　　不少人会按照博弈论的思想，对这几个投资类型进行理解，但是我认为这是没有必要的，毕竟只要有市场，就存在买卖双方，那么就会有博弈的成分。但是，博弈往往在研究一次性交易，或者有明显规则下才有意义，且往往是不带时间价值的。而股票由于代表着企业，所以，更多的是价值交换的场所，而这个价值随着环境、时间不同自身就会变化，其价值存在于未来，是一个不确定性的价值，这个博弈是很难有定论的。这就像你哪怕买一只垃圾股（绩优股），未来都有可能获得超乎想象的结果。

　　但是，在短期，在特定环境下，的确存在着以上三方各有优劣的地方，比如产业资本对自身产业和企业的理解就是属于最优的，机构对整个市场的理解和策略的运用又是应该有所专长的，游资对于市场行为的理解也是独一无二的。

8.3 发声人

发声人主要指政府、专家、券商，当然，任何投资人也可以发出市场的声音，尤其是产业资本，企业家还可以与投资人进行直接沟通。

政府的影响主要是宏观和中观层面的，比如宏观的货币政策、财政政策，比如中观的产业政策、区域政策、对外贸易政策以及一些改革措施等。这些政策的影响自然较大，尤其是中观的政策影响非常直接。在过去，中观的政策比如光伏产业政策、新能源汽车产业政策，以及自贸区、国企改革、股权分置改革等都曾经一度影响着对应板块的行情。这点就不多表述了。

专家的影响力同样不容小觑，尽管他们不像政府那样可以指导政策，也不像企业家那样可以直接通过投融资决策影响实体，但是他们属于各自领域的权威认识，他们的角色有点类似顾问。他们对经济、政策、产业、市场的解读和观点同样关系着实业和证券市场的走向。

凯恩斯曾说："经济学家和政治哲学家的思想，不论它们是在对的时候还是在错的时候，都比一般所设想的要更有力量。讲求实际的人自认为他们不受任何学理的影响，可是他们经常是某个已故经济学家的俘虏……我确信，和思想的逐渐侵蚀相比，既得利益的力量是被过分夸大了。"这点表明，我们的看似富有洞见的观点，其实也不过是某些当下或者已故权威人士的思想碎片罢了，而现实则完全可能只是某些正在运行的系统化思想体系的实践成果而已。

如果说政治家和经济学家等的思想影响着我们的观念，产业界和企业家影响着我们的日常生活，那么在证券市场持续为我们解读这两个重要方面的就属于券商研究员了。在中国有数百家券商机构，上万名卖方研究员，他们系统且富有深度地解读着政府政策、产业发展趋势和动态、企业前景和动态，以及机构的观点和市场的走向。如果说对经济、政策、产业和企业研究的深度，我想任何买方机构都无法与之媲美，毕竟市场的专业分工就在这里。

但是前面也提到了，作为投资人，哪怕是机构投资人，擅长的是策略和执行，至于研究层面其实是可以借力的。哪怕采取同样理念的基金经理在听取了同一个券商研究人士的观点，他们采取完全相同的投资策略的概率也几乎为零。毕竟买卖对象、买卖时机、权重匹配以及对风控的要求，其实是不一样的，即使这些都雷同，但是由于国内外执行力的不同，净值状况不同，也会导致下一步的行动不一样。

但是，不可否认，券商的影响力是巨大的。他们不仅拥有专业的知识，更重要的是他们与产业界和机构投资者进行着深度链接，这点普通投资者却难以体会，因为他们只能通过一般的研究报告来感受。而如果您是机构投资者，则可以在一轮主流行情到来的时候，或者牛市环境下，参与券商的投资策略会、电话会议甚至是线下当面路演以及组织的实地调研，可以感受那种信息传递的热度。而在交流的同时，他们还会邀请产业专业或者企业高管与投资者进行互动，这种有温度的信息传递，对投资者的决策影响力是不言而喻的。

8.4　投资四要素

主流偏见、基本趋势、股价走势和净值曲线，这四个投资要素之间的关系到底是怎样的呢？市场偏见/主流偏见、基本趋势、股价走势我们拥有的带市场背景的两个反身性价值投资模型，而最终个人在选择投资标的、买卖时机、权重匹配、如何调仓换股、仓位管理、风险控制等具体实际操作的时候，有一个总的原则，就是试图完成自身的净值曲线稳步上升。

尽管有人需求的是20%的稳定年化收益，有人需求的是40%的收益，此时回撤大一点儿也能接受。但是无论如何，任何投资人都对自身的资金投资回报有所要求，因为哪怕把钱存在银行（实际上是购买固定收益类产品）也有一个收益预期的。

具体的投资人目标虽然是想完成净值曲线的稳步上升，但是，存在一个现实，市场上并不现成地存在满足所有投资者不同风险偏好的各种金融资产。如果市场中不存在个人预期的收益曲线，那么投资者必须要有符合自身净值曲线管理要求的投资策略。当然，通过高杠杆的形式或者利用期货、期权等多种金融工具是另外一种方式了，超出了本书所要讨论的范围。

实际上，投资者很多工作是在做选择。通过构建一个投资组合，动态调整组合而实现最终希望的净值曲线。那么在选择的时候，其实首先是从自身的投资偏好出发的。但为了实现投资者偏好，其实需要对不同类型的股票区别对待。如果不能确定市场预期，可以看看券商的报告，同样的，对这家企业所在的大类行业、细分行业、公司的前景和当前的基本趋势都应该有所了解。市场是处于什么样的背景下，你所持有的标的所在的板块是否处于主流板块，个股是领头羊股还是跟随者，这些都是重要的投资要素。

8.5　动态的投资策略

投资策略，就是建立在对以上投资要素的了解之上。如果没有对企业、对市场、对市场预期、对自身的偏好清晰认识，是很难持续盈利的。

投资四重匹配原则								
	基本趋势				↔	股价走势		
	行业		公司			市场	板块	个股
	类型	阶段	规模	业绩				
	大周期	成长	龙头	绩优		牛市	主流	领头羊
	大消费	成熟				熊市		
	A股科技类	初创期/衰退期	非龙头	绩差		结构市	非主流	跟随者
	3	4	2	2		3	2	2
市场参与者					主流偏见			
				背景		个股		
				牛市偏见		价值偏见		
				熊市偏见		成长偏见		
				行业偏见		股价趋势偏见		
				主题偏见		暴涨暴跌偏见		
				4		4		
					净值曲线			
			参与者			策略		
具体个人			发声人	投资人		选股		
			政府	产业资本		择时		
			专家	机构		权重		
			券商	个人		仓位管理		
			3	3		4		

经济、行业和企业都具有周期性，股票市场也具有牛熊周期，而投资者总是希望自身的净值曲线能够稳步上升，在穿越牛熊的同时，还能够获得超额收益。那么作为专业投资机构的价值就在于此，有一套能够穿越牛熊的投资理念，能够挑选出大牛股，同时还能够依据不同的市场环境进行合理策略调整，从而实现比较满意的投资回报，而投资回报的要素不仅是最终的收益结果。其中的过程，也就是不论牛熊都有超额收益，不仅实现相对收益，还拥有绝对收益，且回撤与收益比较匹配，这正是投资所追求的。

市场真正的投资大师，他们哪一个不是经历了市场数轮牛熊的洗礼且业绩依旧持续稳定的。绝不是在牛市中被封为"股神"，而一旦市场环境有所变化，就出现大幅回撤，甚至是巨亏。企业的经营环境总在变化，企业自身的经营能力也会有变化，证券市场环境也会变化，调整投资组合的品种，选择适当的买卖时机，进行相应风险控制，这些都是投资策略的主要组成部分。

而策略的价值核心就在于在各种复杂的变化之中实现最终的投资目标，能够应对复杂多变的市场环境。这就意味着随着时间推移，过去的最佳投资组合（无论是仓位，还是选择的标的，或是标的的权重）迟早会与当下的市场组合不匹配，当下的最新组合也会与未来的市场组合不匹配。

对于这种迟早会发生不匹配的情形，一定不要认为自身的判断总是与市场脱节，因此就懊恼。在证券市场投资中，错是再正常不过的事情了。不仅你会错，市场也会错，市场也在不断地调整组合。巴菲特说过："如果把我们最成功的10笔投资去掉，我们就是一个笑话。"不少投资人，尤其是进行深度基本面跟踪的，总认为自己选择的是一流的、卓越的企业，且不论长期逻辑，还是短期业绩均非常好，估值也比较适中，但是股价就是不涨，甚至还下跌。他们就一直拿着，甚至还逆势加仓，眼看着浮亏持续扩大，完全不理会是否只是一厢情愿。

承认错误，接受自己犯错的可能性比做对的可能性要大得多，是在证券市场投资中生存的第一法则。而且，这种不断自我反省的心态，是在市场中一直存在的，不论是得意的时候，还是失意的时候。而且，往往牛市的时候容易掩盖错误。比如，牛市下，就很容易放松选股的标准，毕竟业绩平平的小盘股甚至会比具有持久竞争优势且业绩优良的龙头企业的股价在短期内上涨幅度还要大。当然，也不要一味去追求净值曲线多么平稳，毕竟还是要获取收益的，不仅如此，在适当的时候，还要勇敢地去追求收益。

从这个角度来说，反身性价值投资的策略会夹杂着"无我"的意思，是一种从"我在"，有自我一定标准，然后又要丢弃"自我"主见，达到"无"，也就是融入市场中，从"无"到"有"，最后形成全新的"有"和"无"的结合。"无"是市场，"有"是自己。首先存在着的投资人，他们存在特定的投资目标、收益预期、风险承受能力，投资限制条件也不一样，这就导致他们的投资理念和策略必然存在差异，对市场和投资标的都有独特的观点。

但是，如果没有达到无我，就会永远以自己的视角看市场、评价市场，甚至会觉得市场不可理喻，市场完全是个"疯子"，或者认为自己永远被市场牵着走，自己也永远对基本面研究不够透彻，殊不知市场就是由每一个不同的投资者组成的，市场也在试探着检验自己的猜想，市场也无法准确预估未来。所以，只需要明白基本面发展的阶段，市场对基本面有何种猜想即可，要顺着市场理一遍。最后，将自身的判断、诉求和市场的进行结合，有取有舍，这样就可以实现符合自身要求且是市场存在的投资回报。

市场上有很多策略，比如基于价值投资的长期持有策略；基于市场牛熊观点的"牛市做多，熊市做空"策略。不论怎样，会发现，每一种策略的确有其存在的道理，但既然是策略，就是针对特定投资者的目标和特定看市场的观点所形成的投资原则。所以，策略没有好坏之分，对适合它的投资人和市场环境就是好的，如果不适合，就会达不到目的。

第 9 章

成熟行业聚焦核心优质企业

对于长期在股票市场耕耘的投资人而言，投资收益无非可以分解为仓位、择时和选股三个要素。投资结果则取决于这三个要素和投资者目的相结合的投资策略。如果我们有能力在众多标的中挑选出大牛股，其股价长期稳健上涨或者短期爆发式上涨，并且都有基本面的逻辑，要么是长期的业绩支撑，要么是产业的逻辑，那么这将能够显著提升投资的收益。所以，给投资带来超额收益的一个重要来源还是选股。

考虑选择一个投资标的时，要做的第一件事就是要了解这家公司的基本面特征，在公司所在行业背景下，对其基本面进行画像。而当要考虑买入这只股票的时候，还要检查一下市场预期，了解该公司的基本面特征是否符合你所坚守的长期投资目标，以及当下市场是否也对该公司的基本面要素比较青睐。

那么就先要对基本面进行画像，将公司分类考虑，我是按照三大行业类型进行划分的，大消费类、大周期类、A股科技类。在《解密巴菲特和索罗斯——反身性价值投资》和《核心财务指标选出超级大牛股——长线暴利选股法》这两篇文章中，我也是按照这个思路来展开的，所以接下来的章节我不做过多重复分析。这里主要做进一步补充，即在三个行业内部对其细分子行业的发展阶段进行分类研究，这样将更加有利于我们进行投资决策。但是这种分类研究反而是通过历史的、辩证的方式展开论述的，而不是一贯的标准答案堆砌。

事实也充分表明行业分析其实是做基本面研究的重要环节，行业因子也是证券选择收益贡献的核心来源。巴菲特说："投资就像滚雪球，最重要的事，是发现湿湿的雪和长长的坡。"而长长的坡，就是要企业所在的行业空间足够大。只有大行业才能诞生大企业。

评估行业所处发展阶段、市场空间。每个行业都要经历一个由成长到衰退的发展演变过程。这个过程便称为行业的生命周期。一般来讲，行业的生命周期可分为四个阶段，即初创期（也叫幼稚期）、成长期、成熟期和衰退期。投资首先要避免衰退性的行业，初创期的行业适合VC。反身性价值投资就是重点投资处于成长期和成熟期的行业。

　　评估行业竞争格局、市场集中度。行业的竞争格局要清晰，成长期的行业，龙头企业的地位已经凸显。像广播电视行业就处于极度分散状态，所以广播电视行业就难以出现牛股。而像调味品行业的竞争格局就比较清晰，海天味业处于绝对龙头，市场集中度加速提升，龙头企业市场占有率快速提高，且龙头企业的规模效应、品牌效应还在加大，而行业又处于成长期，自然容易诞生大牛股。

　　政府对行业的政策分析。尤其是战略性新兴产业，需要重点研究，过去十年，牛股基本出在战略性新兴产业，牛市也大多由战略性新兴产业带动。但是，回顾历史，会发现，新兴产业虽然很容易扮演牛市的主角，但是却不一定会诞生长牛股，尤其是过去的A股。正因为新兴产业的企业处于新兴产业，往往存在着一些发展上的制约，比如技术还不够成熟，比如需要大量的资本支出，需要大量的研发投入，需要一定的市场培育期等，行业处于高速成长中，但行业内企业同样比较分散，高成长且高盈利的企业往往不多。但是，它们的市场前景广阔仍然是不争的事实，在资本市场总有机会上演属于自己的牛市奇迹。

　　大类行业中的细分行业联动分析、产业链分析。典型的如地产产业链，房地产企业、工程机械、水泥建材等联动性就很强，这样我们在研究这类行业的时候就联动起来分析，按照产业链逻辑来处理。

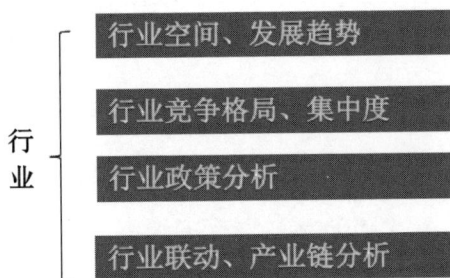

　　行业周期和企业生命周期未必同步，企业盈利最稳定、最持久的时期其实不在行业成长期，而在成熟期，因为能够进入成熟期，行业通常也经历了几轮洗礼，行业增速可能放缓，市场规模也达到一定级别，市场需求也比较稳定，其中龙头

企业的品牌价值已经凸显，且具有明显的竞争优势；行业的竞争格局也相对清晰，行业前列企业的经营风险已经大大降低，利润也比较稳定，龙头企业的盈利增速将大于营收增速，龙头企业的营收增速将大于行业增速，这正是大牛股的特征，却被很多投资者忽略。

因为很多投资人其实是想寻找成长股，但是却不假思索地认为成长股一定诞生在成长性行业。其实不然，成长股常常出现在成熟性行业中具有独特竞争优势的企业之中。

这是因为，行业刚刚由导入期进入成长期，由于行业想象空间巨大，其中的企业的数量虽然不少，但是竞争实力其实差别并不大，那么这种状况还将吸引外部竞争者加速进入这个成长性的行业，结果市场竞争异常激烈。投资人也难以看到哪些企业具有特别明显的胜出优势，哪怕有，由于此时的龙头企业行业地位还不是特别稳固，市场规模优势和品牌优势不是特别突出，所以企业的经营风险事实上是很大的。作为长线价值投资者，事实上这个时候是难以抉择的，最好等行业过了充分竞争期之后再布局。当然作为反身性价值投资者，可以以行业的形式先参与一批龙头企业，分散布局，用暴涨暴跌模型来应对。下面详细分析各个阶段的情况。

一般来说，每个行业都会经历从成长到成熟的发展演化阶段。在行业的生命周期中一般会出现四个阶段：

（1）导入期：行业需求较小，行业增速不稳定，生产技术尚不成熟；

（2）成长期：行业需求扩大，呈现高速增长趋势，生产技术进一步成熟；

（3）成熟期：市场需求趋于饱和，产品普及率高，行业增速下降；

（4）衰退期：部分行业出现更好的替代品，因此行业空间萎缩，呈现负增长。

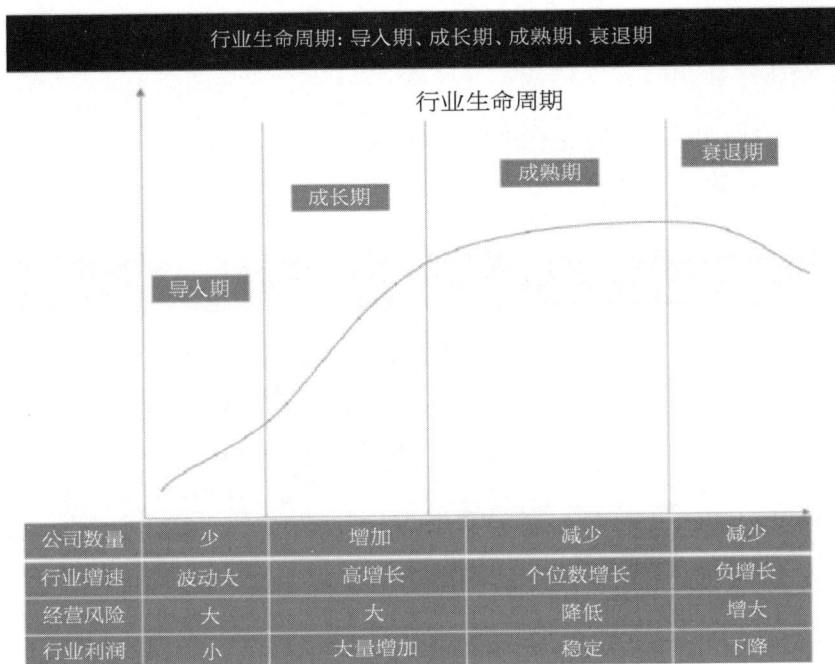

行业生命周期：导入期、成长期、成熟期、衰退期

行业生命周期

	导入期	成长期	成熟期	衰退期
公司数量	少	增加	减少	减少
行业增速	波动大	高增长	个位数增长	负增长
经营风险	大	大	降低	增大
行业利润	小	大量增加	稳定	下降

可以说，在行业的生命周期中，核心的变量是行业增速，从导入期到衰退期，行业增速出现由低到高，再由高到低的变化。

毫无疑问，行业的生命周期与身处其中的企业的生命周期息息相关，但是决定企业的生命周期的核心变量，除去行业增速，还有竞争格局的演化。因此受益于竞争格局演化的企业，其生命周期的成长期也会长于行业生命周期中的成长期。

企业生命周期可分为六个阶段：

（1）导入期：行业需求较小，生产技术尚不成熟，企业经营风险较大；

（2）成长期第一阶段：行业高速发展，行业需求扩大，公司加速增长；

（3）成长期第二阶段：行业需求趋于饱和，增速下滑，行业已经处于成熟期，市场竞争格局变化，市占率提升使企业仍处于成长期；

（4）成长期第三阶段：行业已经处于成熟期，但受益于市场格局改善，龙头企业议价力增强，盈利能力提升，业绩继续增长；

（5）成熟期：行业处于成熟期，需求稳定，竞争格局稳定，可投资空间小，企业增速趋缓；

（6）衰退期：部分产品出现更好的替代品，因此行业空间萎缩，呈现负增长，企业也出现负增长。

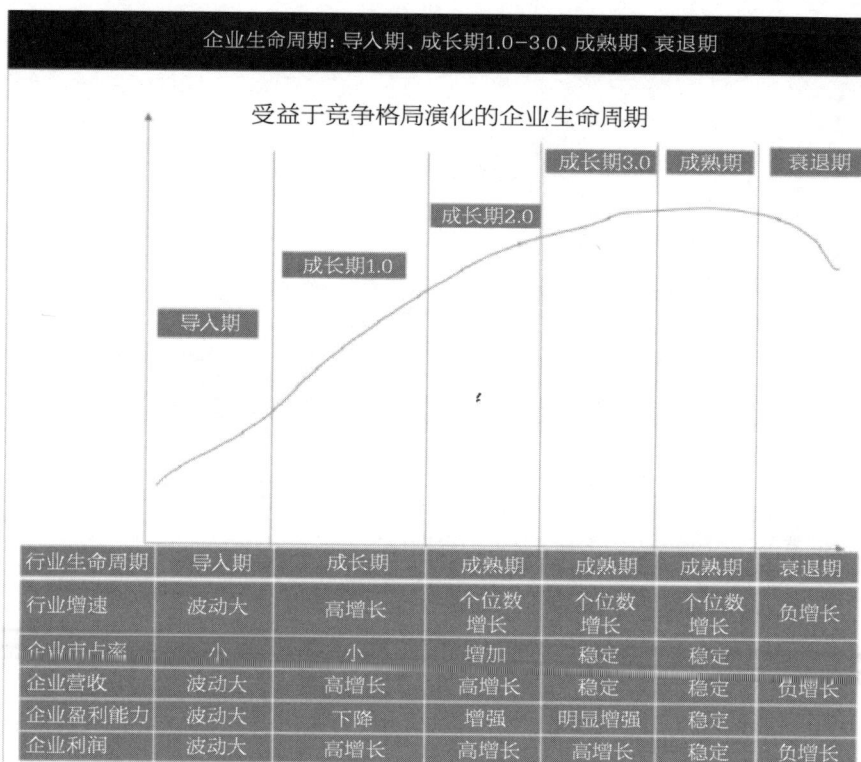

企业生命周期：导入期、成长期1.0-3.0、成熟期、衰退期

受益于竞争格局演化的企业生命周期

行业生命周期	导入期	成长期	成熟期	成熟期	成熟期	衰退期
行业增速	波动大	高增长	个位数增长	个位数增长	个位数增长	负增长
企业市占率	小	小	增加	稳定	稳定	
企业营收	波动大	高增长	高增长	稳定	稳定	负增长
企业盈利能力	波动大	下降	增强	明显增强	稳定	
企业利润	波动大	高增长	高增长	高增长	稳定	负增长

因此，我们可以发现，竞争格局的演化导致行业生命周期与企业生命周期之间的背离。一个行业的龙头企业，受益于竞争格局的演化，会出现企业生命周期中的成长期远长于行业生命周期中的成长期的情况。龙头企业的成长期1.0与行业的成长期是相同的，而企业处于成长期2.0和3.0时，行业事实上已经进入了成熟期了，行业增速已经只有个位数了。但是龙头企业的营收增长依然保持稳定客观增长，且盈利能力还在进一步提升。这个时候行业的利润几乎被几家龙头企业占据，因为市场集中度大幅提升，竞争格局相当稳定，龙头企业市场占有率也相当稳定且可能还进一步提升。

　　通过回顾这些，我们应该能够明白，我们投资应该对行业的发展有一个概括，需要区分行业处于自身生命周期哪个阶段，目前的竞争格局又是怎样的，行业集中度是多少，关键是这个领域有没有持续竞争优势的企业。对于成熟行业，我们要聚焦核心优质企业，只要这个领域的龙头企业的盈利还在增长，那么我们可以认为该企业还处于其生命周期的成长期。这是很安全的投资领域，巴菲特是非常喜欢这种类型的，谁都知道巴菲特擅长长期投资，而买入的时机几乎都是在行业处于成熟期的时期，不是成长期，比如可口可乐和近几年买入的苹果公司。成熟期的行业有成长性的企业，这类企业就是我们所要寻找的核心资产，A股也不例外。比如白酒领域的贵州茅台、五粮液；空调领域的格力电器、美的集团，都是鲜活的例子。

　　下面，我们就按照三大类行业和不同行业特征用案例来说明其中的选股秘诀。

　　在挑选大牛股的时候，很多投资者会感慨，选出优质企业其实不难，但是优质企业涨得太多了，让人难以取舍。一个事实是每一轮行情都少不了大白马股的踪影，这些业绩优良的龙头企业，成为基金重仓股的标配。因为这些标的的业绩增速稳定，企业盈利能力可观，市场涨起来的时候有它，市场下跌的时候，还比较抗跌。另外，从风险管理角度来说，盘子大、流动性够好，流动性风险偏低，且这些公司治理比众多企业完善，单个企业的黑天鹅风险也小很多。

　　在2015年后，基金行业，尤其是私募基金行业，还流传一句话：龙头企业成就龙头私募。这几年起来的不少私募，就是通过牢牢把握大白马股而成为一线私募的。这些私募不仅净值稳定增长，而且规模迅速成长，这样业绩和规模形成了良性循环，市场口碑急剧攀升，公司投研团队快速壮大，投研体系更加完善，甚至不比公募逊色。

　　但是，很多投资者却畏惧大白马股的投资机会。原因大概有以下三点：

　　理由一，大白马已经涨了太多，涨了5倍甚至10倍了，有"追高"的风险。比如，白酒龙头、食品龙头、医药龙头，都是持续数年上涨的典型大白马股。殊不知，巴菲特在1988年买入可口可乐的时候，可口可乐股价已经连续上涨了7年，这七年时间累计涨幅超过5倍，最高峰达到6倍多。这么说尽管巴菲特在1987年股灾后买入，也有"追高"的嫌疑，毕竟前面7年都在上涨，而且累计涨幅巨大。

理由二，大白马股估值不便宜了，尤其像A股的很多大白马股，如果按照彼得·林奇的PEG来评价，80%的大白马股在80%的时间都是不能买入的。比如恒瑞医药，最低市盈率也有39倍，而公司常年增速不超过30%。而恒瑞医药已经连续数年穿越牛熊，持续上涨。过去几年的核心资产虽然业绩也在增长，行业地位也进一步巩固，几乎只要用价值投资理念视角看企业的投资也能够选出谁是一等一的企业，除了股价高高在上以外，更主要的还是估值也逐年提升。但是，投资者却忘记了，市场风格其实也是一类系统性风险。从2019年到2020年高市净率的票就是比低市净率的票更能持续获得超额收益。正如2016年至2019年大盘股持续相比小盘股获得超额收益一样。这种风格并不是一种短期的现象，而是可以持续数年之久，且可以获得经济层面的解释。

理由三，对大白马股的后市前景存疑。这个看似很关键，但又是最左右不定的。试问，哪一只股票能百分之百确定呢。只要大逻辑符合，业绩持续优良，市场龙头地位稳固，市场空间够大，市场对企业未来的预期依旧向好（这点直接在股价持续上涨中得到表现），那么就够了。至于未来是否存在黑天鹅，行业性危机、政策性不确定等，都是难以预料的，投资本身就是不确定性，如果完全确定了，也就没有空间了。再说，巴菲特不是也说了，当持有的标的基本面发生了根本性变化，或者市场上有其他标的比持有的标的更好，可卖掉或者换掉。

所以，以上三个理由均不是主要原因，主要原因还是没有琢磨透市场投资的逻辑，没有弄明白企业为何能够持续数年保持优良的业绩，以及企业如何在激烈的市场竞争中脱颖而出成为行业领头羊，那么自然也更加难以想象企业未来的发展前景。一旦弄明白了这些，那么投资大白马股，就会让你的股市投资成功一半了。

消费股是出长牛股的摇篮，其中的白酒、食品、家电、医药等消费细分板块出现了以贵州茅台、泸州老窖、伊利股份、海天味业、格力电器、美的集团、云南白药、恒瑞医药等至今为止都让投资者津津乐道的长牛股。

从下表中可以清晰地看到，上市首日至今涨幅前三十的，有14家为大消费板块，而前十中占据9家。如果剔除掉上市时间不一的影响，从最近十年来看，片仔癀、贵州茅台、格力电器、恒瑞医药、长春高新等大消费类股也能够排在前列，从最近二十年来看，贵州茅台、格力电器、恒瑞医药、华兰生物、长春高新、苏泊尔等也排在前列。

		A股涨跌幅排行榜					
证券代码	证券简称	上市首日-至今/%	2010-04-30-至今/%	2000-04-30-至今/%	2000-04-30-2010-04-30/%	申万一级行业	上市日期
000002.SZ	万科A	27180.11	362.58	3443.05	669.88	房地产	1991-01-29
600519.SH	贵州茅台	25956.60	1399.23	25956.60	1570.42	食品饮料	2001-08-27
000568.SZ	泸州老窖	25910.34	247.95	3998.51	1042.71	食品饮料	1994-05-09
600887.SH	伊利股份	25600.30	526.43	3607.57	489.54	食品饮料	1996-03-12
000651.SZ	格力电器	16982.99	963.93	11243.73	944.81	家用电器	1996-11-18
000538.SZ	云南白药	15292.59	187.66	4226.12	1384.72	医药生物	1993-12-15
600276.SH	恒瑞医药	14792.56	1158.59	14792.56	1051.25	医药生物	2000-10-18
000661.SZ	长春高新	11859.13	1533.57	6335.93	296.99	医药生物	1996-12-18
600601.SH	方正科技	11013.62	-25.47	10.80	42.48	电子	1990-12-19
600570.SH	恒生电子	9518.88	655.62	9518.88	1112.22	计算机	2003-12-16
600741.SH	华域汽车	9333.20	209.52	1237.66	319.81	汽车	1996-08-26
000895.SZ	双汇发展	7056.59	251.68	3454.43	910.71	食品饮料	1998-12-10
600809.SH	山西汾酒	6685.79	462.12	4737.49	777.35	食品饮料	1994-01-06
600651.SH	飞乐音响	5938.41	-58.12	-12.55	105.60	电子	1990-12-19
002007.SZ	华兰生物	5918.40	187.94	5918.40	1934.24	医药生物	2004-06-25
600652.SH	*ST游久	5791.23	-64.83	-63.24	1.62	传媒	1990-12-19
600653.SH	申华控股	5696.02	-56.35	-53.01	6.91	汽车	1990-12-19
600436.SH	片仔癀	5611.84	1431.69	5611.84	273.91	医药生物	2003-06-16
600309.SH	万华化学	5258.60	366.87	5258.60	1064.93	化工	2001-01-05
600547.SH	山东黄金	5181.41	42.21	5181.41	3518.36	有色金属	2003-08-28
600183.SH	生益科技	5095.16	550.48	1752.19	168.15	电子	1998-10-28
600703.SH	三安光电	4988.05	226.91	3764.49	1011.49	电子	1996-05-28
002032.SZ	苏泊尔	4756.01	499.18	4756.01	692.59	家用电器	2004-08-17
600872.SH	中炬高新	4731.27	507.62	1361.88	144.60	食品饮料	1995-01-24
600340.SH	华夏幸福	4674.68	1382.73	4674.68	223.21	房地产	2003-12-30
600118.SH	中国卫星	4432.03	229.35	766.79	155.52	国防军工	1997-09-08
600690.SH	海尔智家	4369.12	314.68	874.71	136.10	家用电器	1993-11-19

那么，要想捕捉下一批长牛股，就得把长牛股成长的共同逻辑提炼出来，

这样才能更好地回答旧的长牛股的持续性问题和找出下一个可能诞生长牛股的地方。

不要小瞧了大白马股，不要一开始就试图寻找10倍股，投资要想获得超额收益，第一步是不亏钱，更不能大亏，10倍股其实有很多陷阱。因为10倍股就容易勾起人们快速暴富的心理，投资心态一旦乱了，就容易犯错，而投资一旦犯错就是亏损，一旦亏损就想着扳本，赌徒心理陡然升起。一旦亏损，就会由风险厌恶型变成风险偏好型，如果大亏，可能就立马变成高风险偏好型了，行为金融学已经对这方面做了充足的案例证明。相信在投资的世界里，很多人都有过这样的心理感受。

从投资的四要素来看，投资者的偏好会发生变化。偏好变化，整个世界都变了。风险偏好变大了之后，会嫌弃基本面比较稳定的行业或者个股，会对股价缓慢上涨或者暂时不涨失去耐心，甚至会对股票投资产生不好的心理反应，觉得都是在投机、在博弈。

虽然本书是讲如何获取超额收益，但我必须负责任地说，获取超额收益的第一步是正确地认识投资世界，第二步是摆正自己的风险偏好，第三步是谨慎做好投资决策，第四步是避免进入心理、金钱、观念的负循环。而要步入第四步的正循环，其前面三步一步都不能错。所以投资要想持续盈利其实要求是很高的，因为你永远要保持一致性。

而成熟型行业就是一个收益和风险相对较低的投资领域，而其中的龙头企业也是同样可以让投资者获得不错收益的。

反身性投资理念有一条就是实事求是、辩证思维。我们先考察一下大牛股为何能够成为大牛股，因为从理论上我们已经明白长期来看股价会与企业的业绩挂钩。那么我们看看这些领域的企业为何能够持续地保持盈利的增长。抓出核心要素，然后只要大逻辑依然成立，我们就可以继续假定它能够保持，持有它并跟踪，直到被证伪为止。

9.1　空调行业聚焦品牌企业

先看几组数据，就市场空间而言，通过对标近邻日本的数据，2018年日本空调保有量高达281.3台/百户，而我国同期城镇仅142.2台/百户，农村仅65.2台/百户，而我国相比日本更加靠近赤道，平均温度更高，保有量仍有巨大上升空间。

就竞争格局而言，奥维云网《2018年家用空调市场分析报告》数据显示，2018年空调市场总销售额达2 010亿元，同比增长4.1%，其中销量前三分别为格力、美的、海尔，三者合计市占率高达71.17%，全行业CR10约为95.17%，市场呈现"寡头垄断"格局。空调领域已经呈现赢者通吃的现象，格力美的双寡头占据空调市场六成以上的份额，家电行业终端的品牌价值是行业竞争的核心力量。

可以说，目前的空调行业已经进入了成熟阶段，行业增速只有个位数，市场集中度高，市场呈现"寡头垄断"格局，龙头企业的品牌价值成为行业竞争的核心力量，这就是强大的护城河。但是走向此格局也不是一蹴而就的，而是建立在行业激烈的竞争、残酷的淘汰之上，最终霸主地位才落定。下面我们看看空调行业是如何从成长期进入成熟期，而其中的竞争格局演化又是如何进行的。

9.1.1　行业成长期：行业高速增长，竞争异常激烈，龙头初现

行业进入壁垒较低，高利润吸引参与者加入。21世纪初期，空调行业处于起步期，行业高增长红利吸引参与者不断加入，市场品牌较多且消费者尚未建立起强烈的品牌意识。当时空调行业正处于普及期，从城镇与农村百户居民空调保有量来看，2000年以前城镇家庭每百户空调保有量不足25台，渗透率低的背景下成长空间大，且1990—2000 年间空调保有量提升迅速。

当时空调厂商尚未掌握空调核心技术，空调生产以组装为主，产品同质化较高，行业进入壁垒较低，但利润率较高。2000 年格力电器与春兰股份的销售毛利

率为27.5%。在行业高成长高利润的背景下，中小厂商抢夺市场的诉求强烈，空调行业供过于求，生产能力高于市场需求，且产品同质化较高，由此发起了空调行业第一轮价格战。

行业出清程度高，市场由散变聚集。中小厂商发起，一线品牌跟进后主导价格定位。行业第一轮价格战时间跨度大，在2000—2006年间不同阶段具有不同特征。2000—2002年间中小企业空调价格全线降低，格兰仕、长虹、华高、奥克斯以不计成本的方式用利润换市场，降价的直接效果带来销量在短期内的快速提升。2003—2004年，格力、美的、海尔、科龙等品牌开展特价机降价活动，一线品牌的联动加速行业洗牌。虽然第一轮价格战由中小厂商发起，但是一线品牌跟进后主导价格定位。行业降价幅度高，成本探底。2002年，奥克斯公布空调成本白皮书，列举其1.5匹冷暖型空调1 880元零售价的几大组成部分：生产成本1 378元，销售费用370元，商家利润80元，厂家利润52元。考虑同期部分空调厂商的售价，低于奥克斯公布的成本价。

需求良性下促销政策让厂商享受高增长，格力实现超越行业平均增速的增长。当时空调处于成长期，因此促销政策刺激了需求端的释放，格力电器在2003—2007年均实现超30%的增长，考虑到价格的让利，量的增长较为客观。从行业内销出货量来看，除2005年行业内销增速出现小幅下滑外，2003—2007年间实现较快增速。

成本端：原材料价格提升的外部环境进一步压低利润表现，加速市场淘汰。根据艾肯家电网统计的数据，在第一轮价格战期间，空调内销出货均价累计下滑幅度超过40%。而从空调主要原材料价格变动情况来看，2003—2005年间原材料价格增长幅度较大，终端降价+成本提高的背景下厂商利润压缩幅度较大，进而加速中小品牌市场淘汰。

9.1.2　行业成熟期，龙头企业享受超额收益

行业集中度快速提升，市场格局初步形成。根据格力电器2007年增发招股说明书的数据，格力在2003冷年的销量份额为15.56%，2006冷年提升至32.47%，提升速度较快。行业市占率向头部三大厂商集中，格力、美的、海尔三大品牌年销量份额从2000年的36.62%提升至2006年的54.66%。行业利润率不断走低的同时空调行业集中度提升，格力电器净利率被压至 3%以下，整体市场出清程度较高。

2000年中国空调品牌大约在400家，而2003年下降到140家左右，年均淘汰率30%左右；2004年，市场主要活跃品牌仅为50家左右，淘汰率达到了60%左右，空调行业逐步向"寡头垄断"市场转变。

价格战结束后龙头掌握定价权，垄断红利开始释放。产品零售均价和内销出货价格自价格战结束后逐渐提升，龙头在优良的竞争格局下进行结构升级，获得超额收益。从格力与美的毛利率和净利率水平来看，格力毛利率自2004年以后逐渐提升，从2004年的17%提升至2009年的25%，2011年后提升速度再次加快，2014年毛利率达到37%，超过2004年以前的毛利率水平高点，由此可以看出优良格局带给公司的成长性与盈利能力的提升。美的毛利率稍低于格力，亦呈现逐步提升的趋势。从净利率水平来看，格力在2006年净利率处于最低点仅为2.7%，后期提升速度较快，2014年以后净利率一直保持在双位数。

这是近20年空调发展历程，而在20世纪90年代，空调行业更加精彩。"北春兰，南华宝"，是20世纪90年代国内空调市场的图景。而在2000年后，几乎已经听不到它们的声音。我们先来看看空调行业早期，那时的春兰风头无两，能"拳打美的脚踢华宝"，格力更没被它放在眼里——毕竟市场占有率高达40%。基本上中国每卖出两台空调，就有一台是春兰，换句话说春兰曾卖出中国一半空调。彼时的奥克斯初出茅庐，刚刚涉足空调领域，格力和美的则以春兰为"偶像"，竞相追

逐。1990年，春兰以1.2亿元的总产值成为行业翘楚，并在随后的4年内以大规模的系列产品稳居市场占有率第一。

当时，春兰的成功不仅得益于其专业化经营，更应感谢中国空调市场的迅速膨胀。有关资料显示，1991到1994年空调产量每年都增长两倍左右，春兰的第一桶金也让其他企业纷纷向空调业迈进。

很多人会把曾经春兰的失败归咎于多元化，甚至是体制问题、人才流失等。但是，从二级市场投资的角度来讲，这些对二级市场投资而言不是关键。关键在于，当一个行业能够以每年两倍的速度高速增长时，而其中的企业还利润很可观，其中的龙头企业哪怕占据很高的市场份额，也会导致其他资本纷纷进入这个领域，因为这是一块太大的蛋糕了。结果是其中的企业经营风险就会很大，群雄逐鹿，不进则退，胜者为王，甚至是"剩者为王"都是有可能的，因为领先企业的错误，可能就会成为竞争者成功的阶梯。

而当这个行业进入了成熟期，龙头企业几乎具有享有垄断红利时，哪怕它也可能犯一些小错误，比如格力这几年的转型做手机，甚至想进入新能源汽车领域，现在还在着力布局芯片。至少从手机和新能源汽车的布局结果来看，是投入了不少资金也没有取得什么效果的。而整个格力电器的空调地位并不会因为公司大战略出现些小问题而受影响。

主要原因是，这个行业进入了成熟期，这个领域的消费者已经具有品牌意识，这个领域的龙头企业的定价权具有极大的优势，这个领域的龙头企业也能够保证自身的创新的发展需要。但如果是处于成长期，群雄逐鹿，那么把现在的格力换成那个时候的春兰，也许就可能是另外一番景象了。行业高速发展，是不容许企业犯错的，试错的成本也很高，因为竞争太激烈了。而行业成熟期，竞争格局清晰，龙头企业占有率极高，龙头企业有时间、有实力来逐步布局。事实上，格力、美的都在逐步布局了。多元化不是错误的，只是时机不对而已。

但不管如何,现在已经进入了成熟期,日本家电行业也是进入了成熟期以后,竞争格局才真正地相对稳固,龙头企业才真正展望得比较久远。这个时候空调保有量已经很大,而其中龙头企业的市场份额也很大,换句话说,龙头企业的品牌价值非常凸出,龙头企业的营收增速大于行业增速。那么以后仅靠保有量的更新换代,也能够支撑龙头企业的稳步发展,同时对比日本,还有保有量提升的机会,那么行业的利润几乎被巨头瓜分,叠加智能制造和管理升级、降本增效,龙头企业盈利增速高于营收增速得以形成。成熟性行业的成长性企业就此诞生,这就是其中的逻辑。

9.2　白酒行业聚焦高端品牌酒企

过去20年贵州茅台上涨了259倍,而过去20年上涨排名前30位的就有四家白酒企业:贵州茅台上涨259.56倍,排名第一;五粮液上涨47.52倍,排名第十一位,山西汾酒上涨47.37倍,排名第十二位;泸州老窖上涨39.98倍,排名第二十位。从上市日至今白酒企业涨幅最大的依然是贵州茅台,涨幅达到259.56倍;其次才是泸州老窖,涨幅达到259.10倍;第三名是山西汾酒,涨幅达到66.85倍。但是不要误以为泸州老窖就与贵州茅台不相上下,其中主要原因是泸州老窖上市时间比贵州茅台要早整整7年,所以才会显得相差无几。当然,上市时间早就不见得涨幅大,山西汾酒上市时间最早,1994年1月份就上市了,比泸州老窖还早4个月,但是山西汾酒累计涨幅比泸州老窖就差了许多,所以一定还有基本面更深层次的原因。

A股涨跌幅排行榜							
证券代码	证券简称	上市首日-至今 /%	2010-04-30-至今/ %	2000-04-30-至今/%	2000-04-30-2010-04-30 / %	申万一级行业	上市日期
600519.SH	贵州茅台	25956.60	1399.23	25956.60	1570.42	食品饮料	2001-08-27
600276.SH	恒瑞医药	14792.56	1158.59	14792.56	1051.25	医药生物	2000-10-18
000651.SZ	格力电器	16982.99	963.93	11243.73	944.81	家用电器	1996-11-18
600570.SH	恒生电子	9518.88	655.62	9518.88	1112.22	计算机	2003-12-16
000661.SZ	长春高新	11859.13	1533.57	6335.93	296.99	医药生物	1996-12-18
002007.SZ	华兰生物	5918.40	187.94	5918.40	1934.24	医药生物	2004-06-25
600436.SH	片仔癀	5611.84	1431.69	5611.84	273.91	医药生物	2003-06-16
600309.SH	万华化学	5258.60	366.87	5258.60	1064.93	化工	2001-01-05
600547.SH	山东黄金	5181.41	42.21	5181.41	3518.36	有色金属	2003-08-28
002032.SZ	苏泊尔	4756.01	499.18	4756.01	692.59	家用电器	2004-08-17
000858.SZ	五粮液	4290.29	523.02	4752.90	666.97	食品饮料	1998-04-27
600809.SH	山西汾酒	6685.79	462.12	4737.49	777.35	食品饮料	1994-01-06
600340.SH	华夏幸福	4674.68	1382.73	4674.68	223.21	房地产	2003-12-30
600837.SH	海通证券	1808.92	18.24	4520.79	3965.33	非银金融	1994-02-24
600031.SH	三一重工	4268.57	277.23	4268.57	1044.54	机械设备	2003-07-03
000538.SZ	云南白药	15292.59	187.66	4226.12	1384.72	医药生物	1993-12-15
002271.SZ	东方雨虹	4178.18	831.60	4178.18	313.88	建筑材料	2008-09-10
300601.SZ	康泰生物	4167.25	4167.25	4167.25		医药生物	2017-02-07
600585.SH	海螺水泥	4145.67	517.38	4145.67	593.10	建筑材料	2002-02-07
000568.SZ	泸州老窖	25910.34	247.95	3998.51	1042.71	食品饮料	1994-05-09
002049.SZ	紫光国微	3779.29	858.42	3779.29	284.75	电子	2005-06-06
600703.SH	三安光电	4988.05	226.91	3764.49	1011.49	电子	1996-05-28
600887.SH	伊利股份	25600.30	526.43	3607.57	489.54	食品饮料	1996-03-12
000895.SZ	双汇发展	7056.59	251.68	3454.43	910.71	食品饮料	1998-12-10
000002.SZ	万科A	27180.11	362.58	3443.05	669.88	房地产	1991-01-29
600406.SH	国电南瑞	3383.19	130.92	3383.19	1394.37	电气设备	2003-10-16
002475.SZ	立讯精密	2962.60	2962.60	2962.60		电子	2010-09-15
002001.SZ	新和成	2926.51	235.49	2926.51	786.34	医药生物	2004-06-25
002050.SZ	三花智控	2798.14	578.09	2798.14	298.79	家用电器	2005-06-07
002714.SZ	牧原股份	2689.53	2689.53	2689.53		农林牧渔	2014-01-28

截至目前，贵州茅台的市值超过1.5万亿元，市值早就超过可口可乐，且股价还在不断刷新历史新高。疫情也没能阻挡贵州茅台的业绩和股价。2020年第一季度，茅台营业收入和归属于上市公司股东的净利润，同比增幅各在13%和17%左右。而五粮液的增长则更胜一筹，2020年第一季度，其营业收入和归属于上市公司股东的净利润，同比增幅各在15%和19%左右。作为高端白酒价格风向标的五粮液和茅台，由于更强的抗周期性和抗风险性，2020年第一季度的业绩不仅没有下滑，反而还在稳步增长之中。

但是，由于众所周知的情况，2020年春节之后，白酒行业的终端动销遭到

了一定冲击，渠道库存压力较大，导致行业分化加剧，这也是部分白酒上市公司
2020年第一季度业绩下滑的"导火索"。数据显示，2019Q4和2020Q1白酒板块
合计收入和净利润分别同比增长6.2%和6.9%，均有较为明显的回落。分价格带
来看，高端/次高端/中高端白酒合计收入同比增速为13.3%/−10%/−0.8%；利润
同比增速为13.6%/−4.2%/−23.8%，高端白酒展现出了增长确定性。

事实上，白酒行业的分化已经不是最近的事情了，不论是从营收、利润还是股
价，白酒行业已经呈现非常明显的结构性特征，整个白酒销量是下滑的，但是高端
白酒依然呈现量价齐升的趋势，而中低端则是销量下滑严重，甚至低端酒企不断
退出市场。

既然前面在股价涨幅排名中已经非常明白无误地了解到白酒行业是一个出
长牛股的重要细分领域，那么就有必要对白酒行业的"江湖演义"，以及资本市场
白酒行业的复盘做一个详细回顾，同时从中获取行业的发展脉络和驱动力。从而
有一个长期的逻辑来支撑接下来对白酒行业的投资。

白酒行业的差异化特征，导致了这个行业在集中度不高的情况下，各大酒企
依然可以活得很滋润，成为与其他领域非常不同的地方，那么接下来就来一探
究竟。

9.2.1　白酒演义

在第一届评酒会前，酒业一直延续着原有的发展路径。自成一派，也没有层级
划分，各家酒厂在各自的区域内，依靠自身产品特点和地缘优势，"自由平等"发
展。直到1952年第一届全国评酒会，打破了这种长期以来的宁静。

在评酒会的推动下，名酒在市场的声誉不断提高，产品销量也是随之猛增，
行业热情不断高涨。全国酒厂纷纷参与到全国评酒会的评选活动中，这时期的名
酒数量不断增加。

五粮液受惠于第二届评酒会，未按香型评分，使得其他香型得分较低而一

举夺冠，五粮液自此开始崛起。获得名酒称号后的巨大效应，也使其获得了更多的发展资源，包括全国的销售市场、更多的消费者认可和更多的资金扩建产能等。在酒厂、产能规模上不断超越非名酒企业，像茅台的800吨/年扩建和五粮液酒厂第二次1万吨扩建工程都在这一时期完成，两个群体之间的差距开始进一步拉大。

价值最终通过价格得以体现出来，名酒在获奖的光环下又通过价格的大幅上涨，拉开了与非名酒的差距。在国家放开13种名酒价格的1988年，以茅台、五粮液、剑南春为代表的名酒价格第一次飙升，平均提价在3倍以上。茅台更是从35元/瓶飙升到140元/瓶。

在产能规模、产品稀缺性、价格等方面，中国酒业完成了第一次名酒和非名酒的分化，并随着时间的推移不断得到了强化。

八大名酒是茅台酒、五粮液、剑南春、泸州老窖特曲、汾酒、西凤酒、董酒、古井贡酒。

第一届：1952年在北京举行，共评出八大名酒，其中白酒有四类：茅台酒、汾酒、泸州老窖大曲酒、西凤酒。

第二届：1963年在北京举行，共评出八大名酒：汾酒、五粮液、古井贡酒、泸州老窖特曲、全兴大曲酒、茅台酒、西凤酒、董酒。

第三届：1979年在大连举行，共评出八种名酒：茅台酒、汾酒、五粮液、剑南春、古井贡酒、洋河大曲、董酒、泸州老窖特曲。

第四届：1984年在太原举行，共评出十三种名酒：茅台酒、汾酒、五粮液、洋河大曲、剑南春、古井贡酒、董酒、西凤酒、泸州老窖特曲、全兴大曲酒、双沟大曲、特制黄鹤楼酒、郎酒。

第五届：1989年在合肥举行，共评出十七种名酒：茅台酒、汾酒、五粮液、洋河大曲、剑南春、古井贡酒、董酒、西凤酒、泸州老窖特曲、全兴大曲酒、双沟大曲、特制黄鹤楼酒、郎酒、武陵酒、宝丰酒、宋河粮液、沱牌曲酒。

评比结果：新中国成立后，对白酒共进行过五次评比，茅台酒、汾酒、泸州老窖在历次评酒会上都被评为名酒，五粮液、西凤酒、董酒、古井贡酒在其中四次被评为名酒。

9.2.2　"汾老大"，独领风骚数十年

20世纪80年代的汾酒，在那一代人的记忆里，可能比2000年前后的五粮液和如今的茅台的地位还要高。曾经占全国总量的70％，营收超过十大名酒后9位总和，汾酒"一超独大"，"汾老大"称号实至名归。

2019年7月13日下午，山西杏花村汾酒集团有限责任公司汾酒研究院在北京国家图书馆·国家典籍博物馆举办了揭牌仪式，汾酒集团党委书记、董事长在揭牌仪式上做了主题发言。

他说："一个产业的发展，一定是波浪式前进、螺旋式上升，一个一个周期发展过来的。茅台的前辈曾经讲过，在'汾老大'的时期，他们曾7次到汾酒学习经验，光笔记就记了12本。近70年来，汾酒引领了中国白酒行业40年，五粮液引领了15年，现在茅台也已经引领了15年，70年基本上是这么发展过来的。可以说，在中国白酒当中，敢提复兴战略的，唯有汾酒。复兴，正是因为我们有过辉煌。"

1949年，白酒行业总产量仅为10.80万吨。经过近三十年发展，到1978年仅达到143.74万吨。行业的第一次大繁荣首先体现在行业产量的快速增长。到1988年，白酒行业总产量已达到468.54万吨，十年时间增长了2倍多，行业产量的增长得益于各大酒厂的产能扩建。1984年，国家决定拨出2亿元人民币，扩建发展十大名酒厂。同年，茅台酒扩建年产800吨指挥部组建完毕，茅台迎来第一个产能扩建时段。1985年至1987年，茅台完成800吨/年扩建工程。五粮液酒厂于1986年进行第二次扩建，产量达到1万吨。在这期间汾酒也发展迅猛，在1985年即成为全国最大的名白酒生产基地，从1988年开始，连续多年位居白酒行业第一，是为"汾老大"。

9.2.3　五粮液登台

1998年春节前发生在山西的事，震惊全国，种种因素一时间叠加了起来，致使行业危机加重。

随后，亚洲金融危机爆发，市场消费陷入疲软状态。

1997—2001年，中国白酒行业滑入低谷，很多名酒企业在破产边缘挣扎，行业一路下行到2002年，白酒产量从最高峰的801万千升锐减到380万千升。

寒冬意味着改革创新与寻求突破，谁先走出去谁就能感受到春天。1998年五粮液第四次提价，售价一举超过茅台，成为当时价格最高的名酒。次年，五粮液被摆上了国庆50周年庆典的宴会桌。那时候的五粮液，成为国内白酒行业无可争议的王者。

虽然白酒行业进入了疲软期，"酒王"五粮液却供不应求。1998年，五粮液做出一个重要决定：代工+贴牌。

于是，五粮液阵营里相继出现了五粮春、金六福、川酒王、送福液、铁哥们、熊猫酒、龙虎酒等一堆子孙品牌，有媒体用"泛滥"形容。

过度贴牌生产，虽然增加了收入规模，但是生产管理问题频出，主品牌价值被稀释，伤及母体，让五粮液失去了高端白酒的定价权，为日后的长期发展埋下了隐患。

9.2.4　茅台封王

汾酒上市四年之后，资本市场迎来了五粮液。1998年4月，五粮液登陆深圳证券交易所，上市首周市值为171.68亿元。

茅台的转变也在这一年。"茅台要发展，就必须进入市场，除此之外并没有第二条路可供选择。但茅台真正进入市场却是从1998年开始的。"当时的茅台集团董事长这样说。

1998年被视为茅台营销创新的元年。茅台酒厂提出了"难中求进、改中求进、抢中求进"的三步走战略,"以市场为中心,生产围绕营销转,营销围绕市场转"写进茅台的发展纲要。

2001年8月,资本市场终于等来了姗姗来迟的茅台。贵州茅台上市首周,市值仅92.53亿元。而同期,五粮液的市值已经达到193.64亿元,是贵州茅台的2倍多。

贵州茅台用募集到的20亿元,启动了一系列的技改、扩建、包装、贮存的工程。两年后,茅台酒产量突破1万吨,迎来了历史转折点。

与此同时,白酒行业不断修复、调整、创新,逐渐走出低谷,自2003年开启"黄金十年"。

茅台也开启了自己的黄金时代。这十年间,茅台的出厂价先后上调八次,从2002年的218元一路涨至2012年的819元,零售价从280元左右飙升到2 000元。

2005年,虽然五粮液的营收超过贵州茅台近25亿元,但是贵州茅台的净利润达到11.19亿元,超过五粮液的7.91亿元。

这只是个开始。2006年,飞天茅台市场零售价超过五粮液,2007年出厂价又超过"普五",2008年,贵州茅台在营收上首次超过五粮液。

全面的超越发生在2013年,茅台率先进入白酒行业300亿元的阵营。当年,茅台营收达到310.71亿元,而五粮液不升反降,营收仅247.19亿元。

这是贵州茅台在营收上第二次超越五粮液,也是五粮液正式让位茅台屈居第二的开始。从此,五粮液的业绩再也无法与茅台抗衡。

2017年,贵州茅台市值超过全球烈酒之王帝亚吉欧,成为"世界酒王"。

通过回顾白酒行业发展史,可以清晰地看到中国的白酒文化历史渊源,有很多名酒的称号;另外,近20年的发展表明,白酒先是品牌化发展趋势明显,不仅是整个白酒行业的品牌酒企占据消费者心智,单个白酒自身也是经过了品牌"瘦身"战略,各自打造自己的主品牌、双品牌,低端品牌主动退出或者逐步退出市场。

最后，白酒行业也经历了由高速发展到逐步形成稳定的市场格局的过程，龙头企业也是几经更替，由粗犷式发展阶段的清香型代表的汾酒独领风骚，转移到浓香型的五粮液，再到近十五年酱香型的贵州茅台。一旦某一个阶段稳固后，就独领风骚数十载。而且就目前白酒行业的发展态势来看，白酒行业总需求已经不大可能扩大，白酒往高端化、品牌化、大厂区化发展，"三化"趋势明显。

9.2.5 复盘白酒

历史表明，白酒行业发展具有一定周期性。1949年，白酒产量只有10.8万吨；到1996年，白酒产量达到高峰，总量801.30万吨，是1949年的80倍左右；"九五"以来，国家对白酒行业制定了以调控和调整为基础的产业政策，白酒的产量逐步下降；2004年之后行业结束连续8年的衰退，产量持续增长，迎来了白酒行业的"黄金十年"。

起步期（1949年—1978年）：白酒产量仅10.8万吨，酒厂以计划经济为主，产销分离，供给短缺，国家处于粮食短缺状态，白酒生产耗粮较高，由酒精改制白酒项目被列入《1956年至1967年科学技术发展远景规划纲要》。

快速发展期（1979年—1996年）：随着改革开放，白酒产量出现爆发式增长。一是农村改革取得极大成功，粮食短缺变成粮食有余，酿酒可以帮助消化粮食。二是酿酒行业进入门槛低，税收和利润较大，成为县乡积累资金的主要来源，形成了县乡酒厂遍地开花的局面。1988年7月，国家放开名酒的价格管制，名酒价格瞬时数倍上涨。1989—1991年，历史上第一次白酒大幅降价，茅台、五粮液从300元下降至100元以下。主要是由于1988年白酒管控价格放开后白酒价格涨幅过大，以及政府限制名烟名酒上桌，高档酒价格受到压制。1992年之后，中国经济开始加速，白酒产业快速发展。名酒价格重新走高，白酒产量也一路上升。1996年，白酒产量达到历史高峰，总量达到801万吨，是1949年的80倍左右。

第一次大调整期（1997年—2004年）：亚洲金融危机对国内经济造成冲击，

白酒行业限制政策连续出台，加之假酒案影响，白酒行业量价齐跌。白酒产销量由801万吨的高点，一路下跌至311.7万吨，连续8年行业产量累计下滑61%。历史上第二次白酒大幅降价，即1998年时茅台价格下跌30%。

黄金十年（2004年—2012年）：行业触底回升，景气度回暖，白酒量价齐升，全行业迎来"黄金时期"。根据国家统计局的数据，这期间白酒制造企业的主营业务收入从2002年底的495.9亿元增长至2012年的4 466.3亿元，利润总额从32.4亿元增长至818.8亿元，年均复合增速分别高达24.6%和38.1%。

第二次大调整期（2012年—2015年）：行业性黑天鹅事件，需求断崖式下跌，白酒行业尤其是高端酒剧烈调整。

结构性牛市（2016年至今）：以茅台自驱动为逻辑中枢，高端白酒景气恢复，次高端亦受益。低端则比较萎靡，白酒分化严重。这一轮白酒结构性牛市的逻辑主要是消费升级和集中度提升，其中"三公消费"已经降低到5%以下，私人消费已经提升超过40%了。行业未来总量增长有限，人均消费量长期来看甚至会下滑，所以未来一定会向名酒集中，真正能进入消费者心中的只有5~10个品牌，二八法则，而且越是高端白酒越符合消费升级逻辑，一方面可以顺利提价，另一方面可以做品牌延伸，比如茅台系列酒。回顾2016年以来的牛市，茅台、五粮液等，越是名酒、体量大、市值大、增速快，越是不断创新高。

通过回顾白酒的龙头演义过程，以及复盘白酒的周期性特征，还有一个特征是与其他消费品不同的，就是白酒的不同香型、不同品牌故事、不同价格，甚至还有投资属性，这些因素导致了白酒与其他消费品完全不同的特征，尽管整个行业集中度依然不高，但是高端酒都活得不错，整个行业的盈利能力是所有行业中最好的，净资产收益率最高。结果这个行业牛股众多。它们最终的结局不一定是赢家通吃，对比国外的烈酒行业，未来集中度会更加极致地演绎，目前每个价位区间容纳3~5家龙头，未来龙头会延伸产品档次覆盖，最终形成几家大的全国性龙头+地域特色品种。

9.3 论市场偏见和行情演绎中的双向互动关系

首先，没有偏见的市场是不存在的，市场无时无刻不带有偏见，偏见的力量犹如芒格所说"拿着锤子的人，到处都是钉子"。投资理念、投资策略、市场信息、行情演绎甚至细微到个人净值的波动都是形成偏见的来源。

本节最想讨论的就是投资理念、投资策略与行情演绎直接的互动关系。很多投资者都将2016年比作A股价值投资的元年，2019年比作A股量化投资的元年，其实不无道理。因为核心资产的全面胜利，小盘股、绩差股全面败给大盘质优股正是从2016年开始的，而且从2016年至目前，核心资产的走势深入人心。

然而，风险资产的属性以及海外市场长期的实证表明，风险越高，资产的收益理应也越高才对。所以，2016年应该也是风格转换的一年，且这一转就持续数年之久。这种风格正在考验着风格溢价这个概念。大盘股持续数年持续战胜了小盘股。当然，从多因子的视角，总是可以找到合理的解释，并快速适应市场，比如可以通过质量因子、机构持仓因子等。

再加上IPO的扩容，传统价值投资那种人工选股、择时和风控在市场风格切换、股票筛选和跟踪，尤其是投资组合的构建和风险控制方面的优势已经远远不能满足基金持有人同时对收益和风险的双重指标考核的要求。

所以，2019年又成为A股市场量化投资的元年。因为在2018年严格遵守量化投资机构的回撤及2019年之后的收益和风险的双重指标评价下，量化投资策略整体水平都优于传统投资策略。

一种理念、一种策略的胜利，对整个行业发展趋势起到巨大的助力作用。不论是纵观国外市场的发展趋势，还是整个A股市场投资人在收益和风险的双重考核下的内在需求，量化投资增速和占比都有巨大的发展空间。

但是，量化投资与传统价值投资、趋势投资都是不一样的投资逻辑，尽管过去公募的人也做投资组合管理，但相比量化投资而言，过去的策略就只能称作主观投资组合策略。量化，尤其是量化基本面和多因子会是主观投资组合的重要补充，甚至后续还将引领整个资管行业的发展潮流。

我们都知道，价值投资理念下，假定是一家质量好的公司，长期而言，股价的涨幅会与公司内生增长的涨幅相当；在投资组合理念下，通过各类资产的长时间回溯，长期而言风险越高的资产，其收益也会越高，那么配置股票资产的收益就会高于固收类资产。所以，过去五年不仅是优质股的天下，被动型指数基金同样得到大力发展。这其中在量化投资策略的加持下，指数增强型基金，由于兼顾了被动型指数基金功能的同时，还通过多因子等策略拥有了一定超额收益，得到了很多投资人的青睐。

随着市场投资者更加成熟，投资策略更加丰富，再加上基本面也进入了行业集中度加速提升、龙头企业持续稳定增长的阶段，整个市场的行情也变得与过去不同，优质企业的波动性大幅降低，这种趋势至今还在延续。

基本面注重长期逻辑，而股票作为权益类资产的长期配置价值属性也得到了加强，这两种逻辑都会助推行情的演绎。而从表征来看，这会进一步提升高质量企业的估值，也就是其股价的趋势性表现得强者恒强。这将对以估值为安全边际的价值投资者也构成巨大心理冲击，换句话说，行情演绎也对市场的偏见构成心理压力。

那种只拥有单一思维的投资人，不论是价值投资者，还是趋势投资者，都将面临市场的考验，其中一批投资者甚至不禁叹息，还不如购买一个市场指数，结果是更加强了优质权重股的进一步胜出机会。而那些以多因子视角看待市场的投资人，看似从不同的市场维度理解了市场演绎的逻辑，但从表征来看，其也不过是选择认可了市场当下演绎的逻辑而已。如果与之对抗，最后只能被市场修理一番，然后落荒而逃。所以，市场无论何时，都是以强者的身份出现，其裁判的身份始终未变。

那么，既然市场演绎本身具有这么强大的力量，会改变投资者对市场的投资观点。难道市场就不会走偏吗？显然市场不是那么理性的。但是在疯狂之后，也迟早会有恢复平静的时候，拥有绝对实力、认知正确且固执的投资人便是市场疯狂的坚决反对者。巴菲特就说过："在市场贪婪的时候恐惧，在市场恐惧的时候贪婪。"而市场真是由众多参与者构成的，所以，众多参与者的贪婪和恐惧心理其实一直渗透在市场行情演绎之中，"屁股决定脑袋"的事情就在行情演绎的过程中，在投资人进入市场后，理性的人就会被行情的发展牵动脆弱的神经。

没有意识到自身的风险承受能力，缺乏耐心，没有策略，没有完整的投资流程等任何一项都会导致投资结果不佳。被市场修理了一番后，如果自身实力不够，则也不过是加入市场的主流偏见之中，而已清晰地认识到自身的错误，或者等待市场自身来纠错，同样需要时间。所以，反身性价值投资在一开始就强调，如果找不到市场演绎的错误，自己也认识不到自身的短处，那么持续的超额收益又从何而来呢。

第 10 章

成长性行业聚焦领跑者

成长性行业与成熟性行业最大不同是整个行业增速较快，市场需求旺盛，行业规模快速扩大，但是并不见得其中的企业能够保持盈利和营收同步增长，这就需要鉴别哪些是能够真正在市场中脱颖而出的企业。其实发现脱颖而出的企业并不难，比如消费电子中的开启智能手机时代的苹果，后来追赶者：三星、小米、华为等，尽管市场份额快速提升，但是引领行业潮流的还是苹果。

如果去关注手机行业动态，会发现参与者太多了，比如微软、谷歌都曾试图进入智能手机市场，但是都没能撼动苹果在智能手机时代的霸主地位。而作为二级市场投资人士，如果放到5年期去预测智能手机市场最终的胜出者，一定会大失所望。我想连业内人士都不见得预测得准，既然预测如此之难，我们何不紧跟行业引领者呢。事实上，在发展初期，会有几家遥遥领先的市场参与者把持整个市场的竞争格局。

在快速成长的行业中能够成为引领者有一个明显的标志，就是其中的企业增速比行业快，能够快速抢占市场份额，这个时候市场份额的增长比盈利水平可能更加重要。但也有例外，如果其中的公司能够占据高端市场，那么可能占据高端消费群的企业才算龙头企业，智能手机就是个鲜明的例子。而在新能源汽车领域，特斯拉的市场份额就属于绝对龙头，同时也占据着高端市场。

成长性行业还有一个鲜明特点是，无法通过归纳法和类推法得出未来。这就为长线布局者造成了不少困境，因为长线布局者总想现在就挑出未来的赢家企业。事实上，与其说长线布局者是挑选出未来赢家，不如说是想长期拥抱当下确定性最明显的赢家，并且认为这个赢家未来还能够一骑绝尘，持续地创造辉煌。而对于成长性行业，由于行业内当下最具确定性的赢家还没有出现，同时无论如何都难以像成熟行业那样可展望，尤其对于深耕二级市场的投资人。但是这并不妨碍二级市场参与者把握行业动态，因为，至少行业的潜在发展空间是巨大的。同时，二级市场参与者对时效性的把握比一级市场要求更高，那么最好是等某个明确的基本面信号出现后再行动也不迟。

　　回顾过去几轮大的新兴产业引起的结构性行情，序幕大都一样。不论是1999年的互联网泡沫，还是2013年的手游行情，2015年四季度的新能源汽车行情，牛股都是在行业内成批出现。

　　既然如此，我们就可以先锁定新兴产业，把产业链相关标的全部收集起来，独立建立一个板块。这有一点类似券商行情软件的概念板块，但是由于概念板块不仅是按照新兴产业而建立的，还掺杂了非主营业务相关的标的，使得纯度就降低了许多，投资者可以自己收集、自己建立。这是第一步，同时对整个产业的投资逻辑和事实数据进行收集。

　　因为，我们并不是立马投资这个板块，需要在恰当的时机买入。同时，还希望跑赢这个板块的指数，获取超额收益。那么，在获取超额收益时，还需要积累一些基础数据，这个时候要聚焦这个板块的领跑者，也就是重点关注成长性指标、规模指标，然后才是盈利指标。这是与成熟性行业存在较大差别的，如是成熟性行业会对规模指标、盈利指标和成长性指标做一个综合考虑，甚至会将行业地位和盈利能力的考虑放在比短期成长性更主要的位置。毕竟，行业已经处于成熟期，后来追赶的企业的短暂加速，也可能是由于低基数的原因，或者不具有可持续性。

　　而成长性行业就不一样了，由于大家距离起跑线的位置差不多，在这个市场上，只要稍稍比同行跑在前面，整个行业的资源和消费者认可度都会向引领者聚集，从而导致市场很容易认为领跑者有望成为未来的行业绝对龙头，所以市场会在当时就给予估值溢价，而且在行情兴起的时候会给得比成熟行业高得多，因为这个时候企业的规模还比较小，行业想象空间刚打开，资本会形成争抢的局面。

　　通常，行业内还会出现不少企业"抱大腿"的现象和并购潮。"抱大腿"的现象，通常是因为外部强大的主体想涉足这个新兴领域，而行业内前列的企业当然想自己干，同时强大的主体的确有一些独特的资源禀赋、资源优势。那么可能就会在行业内寻找一个体量不大的企业进行类似于孵化和输入资本力量或者渠道及品牌力等行动。而同时，行业内上市企业也会迅速借着资本市场的大好时机并购非上市公司，因为这个时候一二级市场也会存在较大的估值差，是并购的大好时机。总而言之，一场巨大的资本盛宴就此展开，短期行情的疯狂往往超乎长期待在成熟性行业的投资者的想象。

但是，这样的新兴产业行情浪潮并不是经常发生，往往是间断的。这就给捕捉这种行情的投资者带来择时的困扰，如果时机不当，完全投资的企业可能面临困境，股价一跌再跌，对投资人造成巨大的心理压力。

同时，这样的行情浪潮通常属于暴涨暴跌模式，如果有幸参与了，不及时退出，也有可能只是坐了一次过山车，甚至买在了高位，卖在了低位。它们通常迅速地（几个月内）就能够上涨数倍，然后又会从高位大幅回撤超过50%，有些甚至几乎回吐全部涨幅，且哪怕下一轮牛市来临，也与其无缘，因为可能濒临破产了。行业内只有少数几家企业能够真正成长起来。这表明在行业成长初期遴选未来的龙头是多么困难，成为赢家的总是凤毛麟角。而哪怕有幸选对，但是其股价的超常规回撤通常也是无法避免的。

这只需要回顾2000年互联网与科技股泡沫期间，微软、亚马逊等互联网股的高位回撤幅度就能够知道。亚马逊要在2007年后才能回到2000年的高点，而微软则到2014年才超过2000年的高点，英特尔的股价到2018年才超越2000年的高点。这些都还是比较幸运的。

AMZN[亚马逊(AMAZON)] 2007/09/28 收93.15 幅16.57%(13.24) 开79.90 高94.26 低79.73 均86.76 量1.22亿 换24.42% 振
MA(5):77.83 MA(10):60.65 MA(20):47.86 MA(60):42.22 MA(120):36.69 1997/05/30-2015/04/30(216月)▼

MSFT[微软公司(MICROSOFT)] 2014/07/31 收37.96 幅3.50%(1.28) 开36.82 高40.21 低36.11 均37.77 量7.31亿 换9.66% 振
MA(5):36.35 MA(10):34.40 MA(20):30.47 MA(60):25.04 MA(120):22.35 1995/11/30-2016/01/29(243月)▼

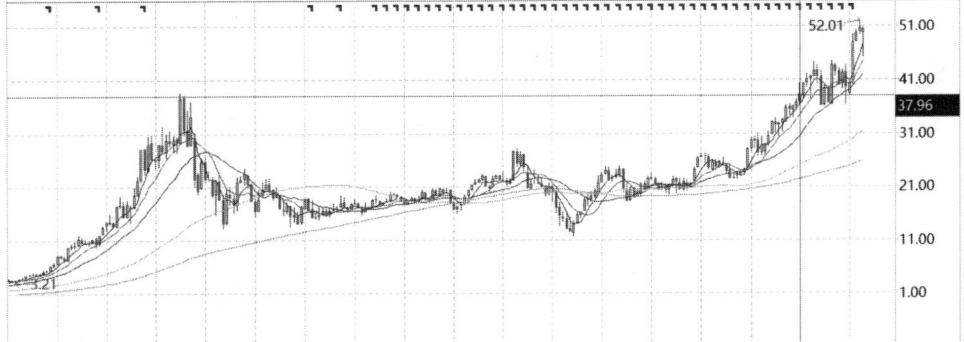

INTC[英特尔(INTEL)] 2018/03/29 收49.04 幅5.66%(2.63) 开46.62 高50.65 低44.22 均47.63 量7.02亿 换16.51% 振13.84%
MA(5):45.12 MA(10):39.98 MA(20):36.42 MA(60):29.19 MA(120):22.43 1996/06/28-2018/09/28(268月)▼

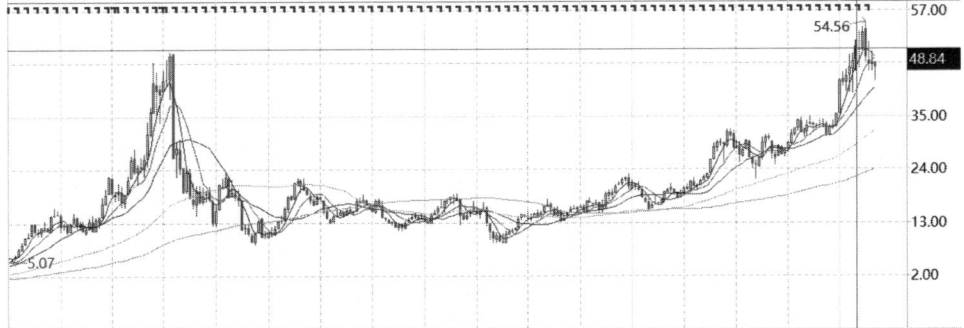

而互联网与科技股浪潮中的思科等明星公司，直到现在也没有超过2000年的高点。而期间思科的各项财务指标早就远超2000年同期水平了。2000年底思科的市值可是位列美国第二，而目前市值总额还不及苹果的十分之一，仍然只有1 600多亿美元。

CSCO[思科(CISCO SYSTEMS)] 2019/06/28 收52.67 幅5.19%(2.60) 开50.09 高55.96 低49.54 均52.06 量5.36亿 换12.66% 振 ...
MA(5):51.54 MA(10):47.87 MA(20):43.74 MA(60):31.48 MA(120):23.86   1997/03/31-2020/09/21(283月)▼

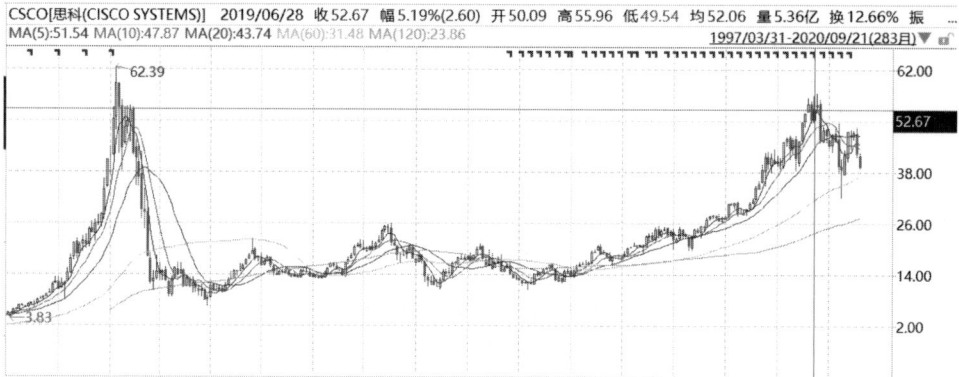

思科(CISCO SYSTEMS)[CSCO.O] — 财务摘要

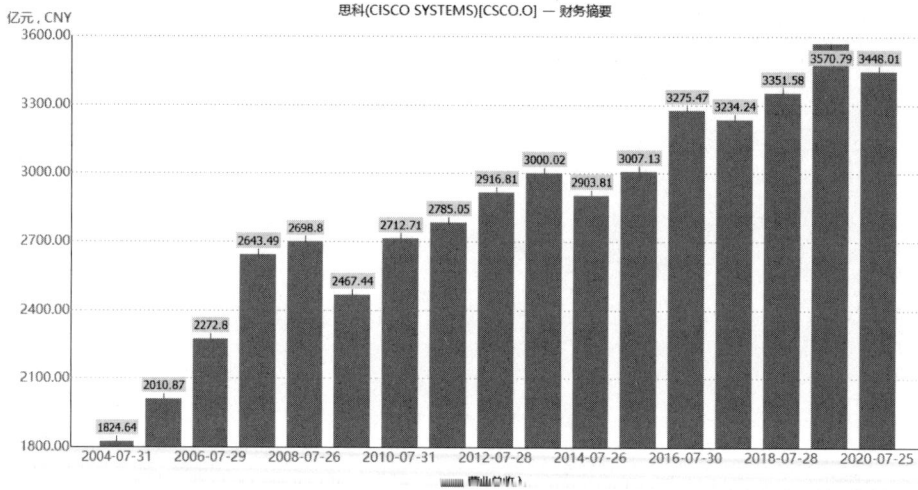

思科(CISCO SYSTEMS)[CSCO.O] — 财务摘要

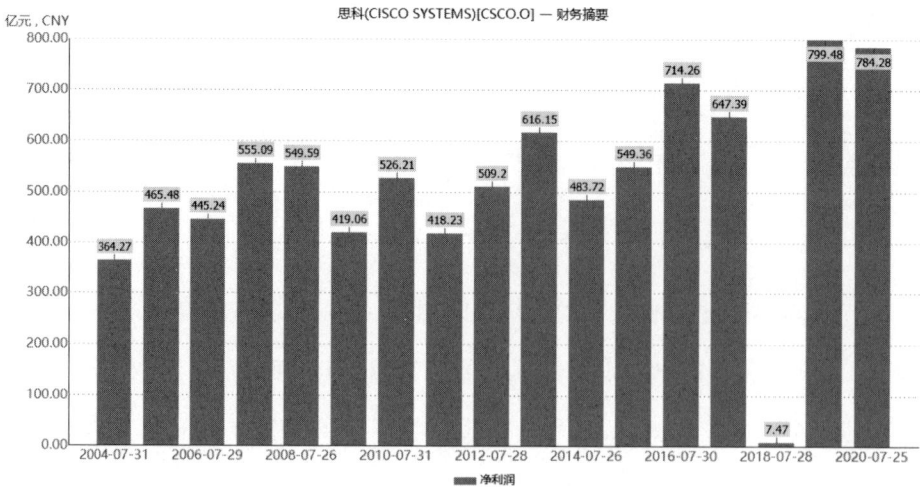

再论新能源汽车板块。

2020年下半年的行情中，新能源汽车板块当属众多板块中的佼佼者，行业也可算作成长性行业。成长性行业的行情演绎特征在2020年又一次表现得淋漓尽致，暴涨暴跌，而且，涨得最好的，绝对不是板块中当下业绩最好的，而是行业的领跑者，或者是表达着强烈意愿要做快速扩张者的企业。当然，就两大板块而言，目前还处于暴涨阶段，暴跌还没有到来，毕竟新能源汽车板块才刚刚从上一轮行业的繁荣和衰退中走出（对应着行情的暴涨暴跌），进入新一轮的复苏期。

特斯拉股价在2020年涨幅超过6倍，市值超过6 000亿美元，市净率达到了39倍，市盈率更是达到了1 128倍。特斯拉市值6 000亿美元超9大车企之和，但销量却不到全球1%。特斯拉目前市值已经超过了包括大众、丰田、日产、现代、通用汽车、福特汽车、本田汽车、菲亚特克莱斯勒以及标致等9大汽车制造商的市值之和。此外，特斯拉CEO埃隆·马斯克当时给员工发送了一封电子邮件，称目标在2020年实现50万辆的交付。而这一数字还不到全球汽车总销量的1%。

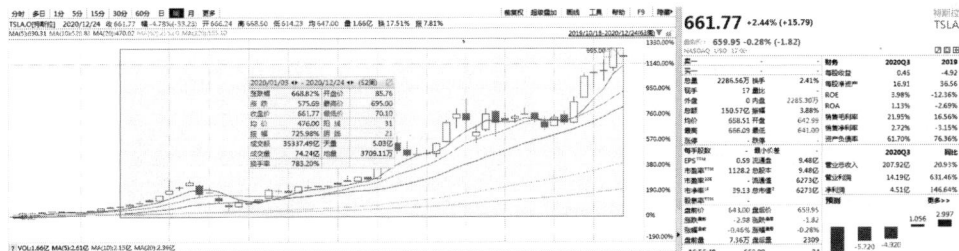

但其2020年前三季度净资产收益率不过3.98%，营收增速也只有20.93%，2020年净利润才首次转正。所以从财务数据来看，绝对不能用成熟性行业的指标来评价，从估值的视角也不能用PE，甚至PB来评价。

特斯拉[TSLA.O] - 财务摘要

	2020-09-30	2020-06-30	2020-03-31	2019-12-31	2019-09-30	2019-06-30	2019-03-31	2018-12-31	2018-09-30	2018-06-30	2018-03-31	2017-12-31
报告期	三季报	中报	一季报	年报	三季报	中报	一季报	年报	三季报	中报	一季报	年报
期间跨度	9个月	6个月	3个月	12个月	9个月	6个月	3个月	12个月	9个月	6个月	3个月	12个月
数据来源	合并报表	合并报表	合并报表	合并报表	合并报表	合并报表	合并报表	合并报表	合并报表	合并报表	合并报表	合并报表
利润表摘要												
营业总收入	1,415.96	851.03	424.04	1,714.61	1,216.11	748.73	305.80	1,472.93	979.28	490.36	214.35	768.34
同比(%)	20.93	10.38	31.80	14.52	20.79	46.96	33.23	82.51	68.06	35.09	26.42	67.98
营业总支出	1,319.32	807.84	403.99	1,709.03	1,235.00	785.06	338.01	1,490.28	1,025.51	564.13	251.88	874.98
营业利润	96.64	43.18	20.05	5.58	-18.88	-56.33	-32.21	-17.35	-46.23	-73.77	-37.54	-106.64
同比(%)	631.46	215.53	159.21	131.62	60.27	52.60	19.87	84.51	35.01	-123.67		-144.57
税前利润	52.78	15.57	4.96	-46.39	-59.34	-69.75	-43.42	-68.96	-85.08	-99.79	-48.99	-144.34
同比(%)	192.37	121.67	110.85	33.83	32.17	32.72	17.23	54.51	13.46	-109.47		-195.98
净利润	30.71	8.50	1.13	-60.13	-68.39	-76.34	-47.28	-66.99	-76.74	-94.42	-44.62	-128.16
同比(%)	146.64	110.81	102.28	11.68	13.35	22.19	1.05	50.25	13.26	-114.06		-190.61
非经常性损益				-10.39	-11.39	-11.06	-2.93	-9.28	-8.92	-6.84		
扣非后归属母公司股东的净利润	30.71	8.50	1.13	-49.74	-57.01	-65.29	-44.35	-57.71	-67.83	-87.58	-44.62	-128.16
同比(%)	155.96	112.64	102.43	15.22	18.26	28.26	7.17	57.14	23.33	-98.55	-114.84	-190.61
研发支出	65.99	42.69	22.96	93.69	70.59	45.65	22.91	100.23	75.95	49.84	23.08	90.05

汽车"新四化"——电动化、智能化、网联化、共享化浪潮开启，汽车产业迎来百年大变局。特斯拉近年快速崛起，市场对新能源和智能汽车技术及商业模式变革的未来充满巨大期待。

大时代，大变局，新能源汽车产业正是朝阳产业，造车新势力在2020迎来了机会。

中国造车新势力迎来了发展的分水岭。一边是造车新势力头部的无限风光：蔚来获得国资驰援；理想、小鹏相继登陆资本市场；威马融资100亿元拟登陆科创板。另一边是博郡、赛麟、拜腾、前途、长江汽车等接连陷入经营困境。我们发现，资本市场中的中国造车新势力其股价也是大涨。

蔚来在2020年涨幅达到18倍，市值达到263亿美元，PB达到60倍，而作为国内传统汽车的龙头企业上汽集团市值此时也不过2 700亿元人民币，PB不过1.08倍。

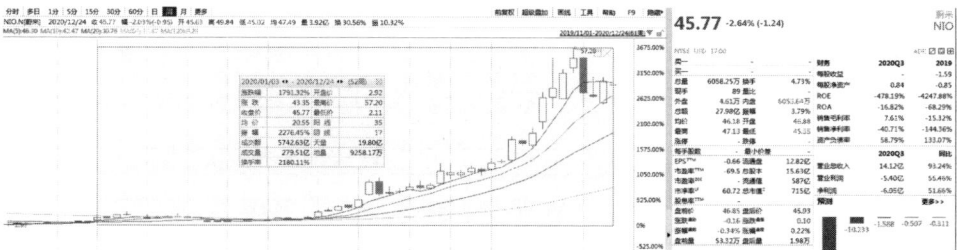

而能够迎来资本的盛宴，其中过程也是波折的。回顾2019年，是蔚来负面消息缠身、苦苦求生的一年。资金紧张的蔚来四处找钱，但实力雄厚的股东们无一伸出援手；广汽、吉利等车企巨头一度被传将投资蔚来，最终传闻都被否认。

直到2020年，蔚来才算迎来转机。先是通过可转债融资4.35亿美元，此后又获得安徽国资等战略投资者的70亿元投资，打通了人民币募资通道，并获六大行104亿元综合授信；再是6月、9月，蔚来宣布通过增发ADS的方式，分别募资4.28亿美元、17.3亿美元。12月10日，蔚来还宣布拟增发6 000万股ADS。

2020年，造车新势力头部企业都受到资本热捧，并涌现"上市潮"。小鹏、理想相继登陆资本市场。而威马在完成100亿元D轮融资后，推动公司奔赴科创板上市，有望成为新能源汽车科创板第一股。

换句话说，新能源汽车行业虽然是朝阳行业，成长性行业，市场空间巨大，但也是竞争异常激烈，需要不断地投入资本，能够胜出的原因既有胜者为王的因素，也有"剩者为王"的逻辑，可谓是在成长性行业中煎熬。成长性行业与煎熬一词用在一起，对于价值投资者而言似乎难以理解，而实业人士、产业内人士则是最清楚不过的。

而对于二级市场投资者而言，如果资本盛宴没有到来，哪怕选择了优质的企业，其中的煎熬也是不言而喻的，而如果不幸买错了标的，则可能大亏出局。如果通过行业分散，由于任何行业都存在二八定律，能够迎来黎明的企业也是屈指可数的，所以简单在行业分散投资也无法解决问题。所以，只有在整个行业迎来真正的基本面大改观，同时资本市场集体认可的同时跟进才是明智之举。那么与其说行业会有资本盛宴，不如说是成长性行业的特性，以及二级投资人士对风险的意识，共同铸就了资本盛宴的表象。

那么，目前得到资本市场认可的标的，等到行业由成长性行业演进到成熟性行业还会是最终的胜利者吗？其实要打上问号。这也是为什么价值投资者，尤其是巴菲特–芒格模式的价值投资者反而喜欢等到行业格局非常清晰，行业发展路线也非常明朗的时候才会去投资。可要记得，巴菲特是最近几年才投资苹果的，而最近几年手机行业的增速已经相当低，甚至小幅下滑了。

既然如此，由于投资者也认识到成长性行业这种特性，所以会存在着特有的繁荣和洗牌（衰退），相应的二级市场也会暴涨暴跌。

行业会呈现明显的繁荣与衰退，二级市场也会暴涨暴跌，但是一轮洗牌后，两轮洗牌后，整个行业会逐步走向成熟，龙头企业的地位逐步得到巩固（尽管可能存在龙头企业的宝座更替的现象），但行业的集中度会加速提升，竞争格局会比较清晰，外部资本进入的门槛也会逐步提高。

第 11 章

周期性行业不乏长牛股

周期性行业是指和国内或国际经济波动相关性较强的行业。典型的周期性行业：钢铁、有色金属、化工等基础大宗原材料行业；水泥等建筑材料行业；工程机械、机床、重型卡车、装备制造等资本集约性领域。当经济高速增长时，市场对这些行业的产品需求也高涨，这些行业所在公司的业绩改善就会非常明显，其股票就会受到投资者的追捧；而当经济低迷时，固定资产投资下降，对其产品的需求减弱，业绩和股价就会迅速回落。

从周期性行业的定义可以得知，它的划分不是依据行业自身的生命周期，而是与宏观经济的相关性。所以两者之间没有任何关系。如果从投资的角度讲，由于周期性行业的高波动性。周期性行业产品的同质性、行业中产能的扩张、收缩、扩张、再收缩等特性导致的行业的营收和利润也会出现周期性波动，那么可能周期性行业中的最具竞争优势的企业其营收和利润也会呈现周期性波动，理论上导致股价也会相应地大涨大跌。

周期性行业的股票有一个很容易让投资者迷惑的地方，就是有着相反的市盈率周期：经营业绩较差时，市盈率较高；经营业绩较好时，市盈率较低。换句话说，市场参与者预期本身就考虑了企业盈利的行业周期性特征。资深投资者并不盲目依据短期的经营业绩做投资，而是有着长远的投资逻辑。他们依据预期盈利曲线和市场是否足够反映来做投资决策。而由于周期性行业的盈利曲线具有巨大波动性，所以给人的印象是股价的暴涨暴跌。

在我们A股历史上，2005—2007年那轮曾经轰轰烈烈的大牛市，就是以大周期性行业作为市场的主流板块。其中的有色金属、金融、地产、建材、钢铁、机械、化工等涨幅远超弱周期性板块。从下图可以清晰地看到，有色金属在2005年牛市启动至2007年牛市结束期间累计涨幅达到15倍，就连那个时候的银行、地产也是大涨8倍。而当市场进入了熊市，一年时间内这些强周期板块同样跌幅排在前列，暴涨暴跌特征非常明显。在操作上，周期性行业的股票，投资的时机把握就显得非常重要。

2005—2007年牛市涨跌幅排行榜

行业	2005-06-03 2007-10-16 [单位] %	2005-06-03 2006-06-03 [单位] %	2006-06-03 2007-06-03 [单位] %	2007-06-03 2007-10-16 [单位] %	2007-10-16 2008-10-28 [单位] %	2005-06-03 2008-10-28 [单位] %
SW有色金属	1545.42	182.50	172.20	121.35	-86.70	161.61
SW国防军工	1486.85	253.18	185.16	87.48	-84.90	182.19
SW非银金融	1401.27	121.68	298.64	98.20	-70.94	402.13
SW采掘	976.86	76.85	132.46	127.38	-78.50	167.84
SW房地产	862.20	91.41	269.75	33.90	-70.83	170.97
SW银行	861.82	77.12	218.84	44.99	-59.08	182.99
SW电气设备	759.63	163.05	134.12	40.36	-69.62	160.38
SW建筑材料	751.78	90.32	207.71	46.58	-74.74	122.14
SW食品饮料	688.84	133.05	152.32	42.09	-60.91	206.15
SW机械设备	675.51	100.30	170.00	42.72	-69.84	123.45
SW钢铁	640.23	49.00	191.48	65.37	-75.34	91.82
SW商业贸易	629.02	120.76	207.65	27.21	-64.78	158.95
SW休闲服务	619.22	92.74	180.48	23.45	-68.60	80.47
SW化工	567.56	82.96	165.99	52.46	-66.75	168.14
SW建筑装饰	527.79	67.91	212.25	13.74	-58.19	164.30
SW纺织服装	478.25	66.84	223.92	6.54	-66.95	89.27
SW农林牧渔	474.82	79.22	172.39	11.46	-52.30	175.12
SW传媒	446.26	87.84	148.45	20.92	-70.03	68.46
SW家用电器	439.40	40.52	191.32	22.00	-60.98	102.56
SW综合	430.21	68.59	218.74	7.84	-69.87	63.59
SW轻工制造	392.59	56.05	172.20	18.30	-70.40	43.07
SW医药生物	390.18	66.90	160.17	14.57	-49.31	137.15
SW汽车	382.72	55.69	261.20	-5.37	-80.43	-3.74
SW通信	379.39	38.21	136.49	48.41	-60.42	94.01
SW公用事业	376.62	44.09	153.17	35.08	-62.58	83.37
SW交通运输	351.50	37.24	150.01	41.75	-69.82	53.48
SW计算机	334.84	63.97	125.64	12.15	-65.08	35.85
SW电子	276.52	58.52	108.14	10.17	-70.88	12.94

周期性行业还有一个明显特征，板块或者产业链的联动性非常明显。在周期性向上的时候，行业内的企业盈利几乎都处于高速增长的趋势中；而当周期性向下的时候，连最具竞争优势的企业也要面临利润收缩的境况，而不具优势的企业可能下滑更加严重。

周期性行业的这个特征，导致择时的重要性似乎要大于择股。而且，在周期性向上的时候，哪怕考虑流动性等风险控制因素选股，投资者也会偏向选择此时扩张速度最快的企业，因为这样的企业盈利弹性可能比拥有长期竞争优势的企业更足。如果，想做一个平衡，最好龙头企业和弹性大的企业都配置，则不失为一种兼顾安全和弹性的合理做法。实际上，平衡的做法也是承认了周期性板块或者产业链强联动性特征的。

随着经济发展，我国经济由高速换挡到了中速，在经济增长的中低速时期，经济周期的波动性会小很多，价格周期也会平滑很多。

另外，经济发展阶段不同导致经济结构也不同，以服务业为主的第三产业已经超过以制造业为主的第二产业，服务业相对平滑很多。换句话说，单纯通过跟踪宏观经济周期的波动性来指导投资者是否决定布局周期性行业已经不是那么有效，这点在股市进入2012年之后就非常明显。整个周期性行业的系统性投资机会的确已经不那么明显了。但大周期性行业内部还是会出现局部的结构性暴涨暴跌。如果能够把握这样的机会，也是可以快速实现财富升级的。

但这并不是本章所要表达的重点。本章想要表达的是周期性行业中同样不乏长牛股。所以，周期性行业和周期股又会存在不一致的地方。因为，尽管行业的周期性波动是由行业特性决定的,但行业内拥有竞争优势的企业,也是能够实现快速扩张的,它们的盈利未必不能突破行业周期性特征的束缚。

在行业处于收缩的时候,一家懂得驾驭行业周期性特征的龙头企业,可以迅速抢占市场份额,兼并竞争对手,进一步提升公司的市场地位和竞争优势,当下一轮景气周期到来时,公司的利润将具有更高的弹性。如果企业具有某种优势,比如规模优势、成本优势、管理优势、品牌优势,哪怕产品价格与市场一致,企业依然能够获取利润,而同类企业可能早就由于亏损而陷入困境。

如果具有较高的壁垒,那么企业就能够长期地保持高速增长,因为无论是顺境还是逆境,它们都会获得市场资源的配置。甚至,企业的高速增长,往往是在行业逆境中体现的,因为在顺境中,市场资源反而分散在整个行业了。逆境会集中配置给行业内竞争优势超级明显的龙头企业。这就像,在熊市下,投资者也会更加谨慎且更加认可龙头企业一样;而在牛市下,反而会扩散配置到二流甚至三流的企业。典型的如牧原股份、万华化学。

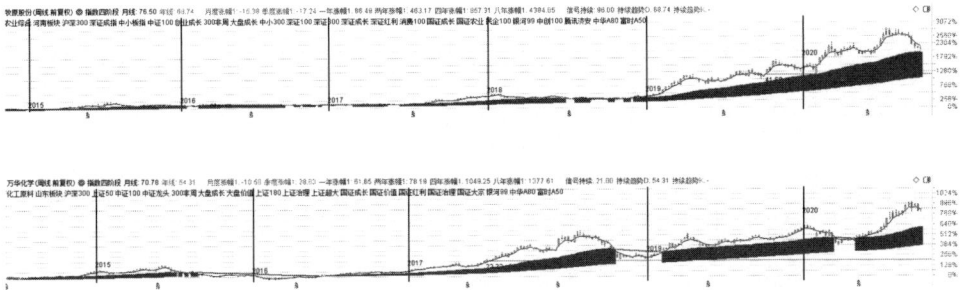

另外一种情况是,大周期性行业中的细分领域未必是周期性的。尽管大的行业类别是周期性的,但是由于存量市场已经足够大,而其中的细分领域可能是成

长性行业的，这个领域的龙头企业市场占有率快速提升，盈利反而处于高增长之中。比如，房地产行业中建筑材料板块，典型的如东方雨虹。

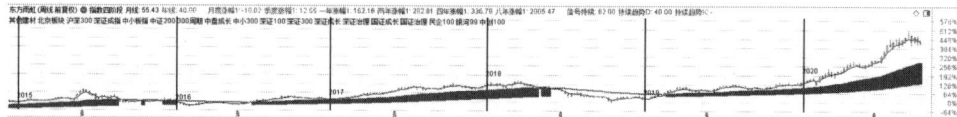

第 12 章

利用股价的快速变化寻找还未意识到的基本面突变

从2019年下半年开始,半导体行业成为A股的主流板块,其中不少公司也上涨数倍。如果仅从传统的基本面视角出发,是怎么也难以理解这轮行情的。因为从行业层面,中国的半导体产业,整体看处于竞争弱势。而且这个半导体行业属于持续高投入的行业,产品更新迭代迅速。

芯片设计遵循着摩尔定律,一代产品一代设备,换句话说,没有做到第一,哪怕是第二,也有可能大量投入打水漂。尽管行业投资和技术门槛极高,但的确这个行业空间巨大,数万亿的市场空间。在一个相对垄断且需要不断投入才能勉强追赶的行业,可见长期发展前景必定是道路漫长且曲折。

2019年上半年,首先开启了芯片设计环节的行情,芯片设计是比较轻资产的,且市场空间同样巨大,而中国芯片消费市场是全球最大的单一市场。好在终端产品,已经有华为手机、小米、OPPO、vivo占有大量的市场份额,华为海思的芯片也能够做到自用,这里只是举了部分的例子,总之是替代逻辑有很好的立足点。

从A股芯片设计公司的盈利规模和盈利水平来看,其实并不强劲。如果按照纯市场发展所带来的基本面变动,要想市场直接认可这轮以半导体为主导的行情,恐怕也只是局部的,绝对演变不到后面整个半导体产业链的投资大狂潮。

不用反身性价值投资理念是难以理解这轮半导体行情的,因为这是以中观产业为主导的投资逻辑,同时还有一二级市场的联动,而更主要的是市场主流偏见的大幅改观。因为没有市场主流偏见的大幅改观,估值不可能得以快速提升。

正因为打开了估值的想象空间,赚钱效应爆棚,市场的声音才那么悦耳动听,一级市场才能够继续躁动。回过头来看2020年下半年,半导体产业链的相关公司几乎都进行了一番再融资,如果没有二级市场行情的暴涨,那么再融资进程是无法想象的,不然就会很容易稀释上市公司实际控制人的股权。而一旦行情暴涨,再融资提上了日程,上市公司也有钱进行后续的资本支出以及投入研发,进而完全有可能如市场预期的那样实现10倍的业绩增长。但最终能否实现，也只能过3～5年后才能够知晓，而股价上涨了5～10倍已经成为确定的事实了。通俗地讲，资本市场已经上演了一轮"先干为敬"的大狂欢。

在这轮半导体行情中赚钱的投资者，大多不会是在2016—2018年参与以白酒、食品、家电、医药为主导的核心资产的机构。因为大消费板块的逻辑是比较简单的，尽管估值这几年也逐步提升，但是用价值投资加上组合投资理念就可以完美解释行情演绎的过程。而半导体行情则必须从市场主流偏见出发才能够很好地理解，如果不能换一个视角来理解，那就难以参与了。因为单个上市公司的基本面其实变化不会太大，主要是投资逻辑的突变。

事实上，对于深度参与市场的人，其实就可以从股价走势的突变来反思还没有意识到的基本面突变。单个企业的股价是受多方面影响的，但是整个板块的股价短期大幅变化，是应该得到更多重视。股价其实是一个综合量，市场走势所反映的信息一定是非常丰富的。而在多空交织的信息中，市场能够大幅变化，则一定存在着新的重大影响投资者偏见的信息。这种信息不仅包括企业基本面的，更可能是宏观经济的、政府政策的、国际贸易的等。比如2013年宣布的自贸区，比如2014年以南北车为代表的国企改革。

突变其实才是最重要的，大行情的突变其实对产业界、机构和普通投资者在信息层面都是对等的。

突发的重大信息，才是最考验投资者决策力的。2020年的特殊情况导致全球航空业处于冰点，巴菲特所投资的航空股也面临大幅亏损，如果从长期来看，航空业必定还是会存在，而其中幸存的企业还可能通过兼并重组成为航空巨头。但是短期整个行业的寒冬，谁也无法预料会给相关的企业带来多大的负面影响，甚至还没有等到行业企稳，所投的企业就率先申请破产了。所以，短期的风险巨大，连巴菲特也不得不亏损甩卖航空股。

回到本章的主题，如何发现芯片的行情呢? 假定在2015—2019年上半年你一直参与过大消费股的行情,那么仅从基本面的角度,静态地从行业、公司财务的角度其实难以发现半导体的行情。毕竟半导体产业是全球范围高度分工的行业,所以,从纯市场化的视角来理解这个行业,那么这个行业已经是处于成熟期的行业了,且垄断程度极高。需要有良好的业绩,才能支撑起股价长期上涨。

毕竟,这个行业还是得依靠资本、技术和人才,行业也遵循摩尔定律。如果行业内一家公司长期不赚钱,那么就会进入恶性循环,就很难有钱继续投资和研发,人才也会流失。

所以,从这个角度讲,用纯市场的角度,A股的芯片公司的确没有多大竞争优势。用纯价值投资理念加上静态的分析,怎么也难以预判到这轮巨大的行情。事实也的确如此,在过去所有牛市中,半导体产业上涨也主要是跟随大势。当然与A股市场纯正的半导体产业链相关上市公司屈指可数也多少有点关系,而为何A股上市公司在过去那么多年没有出现半导体产业链上市公司大牛股,也从侧面印证了这个行业要做到持续盈利不容易。

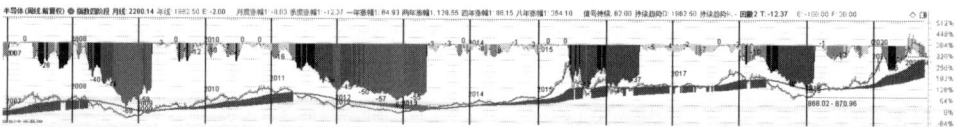

但是,在大背景下,A股市场的芯片股就是逆势上涨,这是不争的事实。这种重大事件,叠加A股市场对应板块的变化,反身性价值投资人就应该引起重视。毕竟,在短期内引起股价大幅变化的,不在于其能否在行业内保持某种竞争优势,也不在于其能够持续盈利,更可能是一种基于行业层面的重大事件所引发的连锁反应,这种连锁反应既作用于基本面也作用于市场预期。

所以,在很多时候,单个公司在决定市场预期方面其实并不显著,尤其当单个公司逆着整个行业而动的时候,投资者总是非常谨慎的,这种谨慎会直接体现在股价的估值上面。

事实上,对于大消费类行业,股价的反常变化,也需要引起足够的重视。传统的价值投资理念总是试图过滤短期的快速变化。他们遇到短期的巨变,惯用的解读是"短期干扰,长期无忧",然而真正致命的正是短期的快速超常变化。

因为,这种变化完全可能使基本面发生巨大变化,甚至,哪怕基本面的变化不会太大,短期的市场预期有可能发生巨大逆转,从而导致股价快速巨变。这种短期的巨变,让需要净值盯市的投资群体直接发生化学反应,而不需要盯市的始终满仓的长期投资者也要经受短期的巨大考验。

那种习惯于自下而上的投资逻辑的投资者,也会经常忽略掉产业变革所带来的股价变化。2013年的白酒行业,就是鲜明的例子。而其中的贵州茅台,尽管就目前来看公司基本面不仅没有受到2012年的影响,反而随着整个白酒行业向高端酒演化的过程更加受益。

然而,如果在2012年底你有先见之明,预见到了这一基本趋势,也同样要经历残酷的市场考验。因为随后白酒板块回撤达到52%,而作为白酒行业的绝对龙头贵州茅台回撤幅度达到72%。而坚守这一板块的投资者还需要承担非常重要的两大投资要素:时间成本和机会成本。

因为在2013年,整个市场已经进入了结构性的牛市,2014—2015年则是全面地转向大牛市行情。而如果一直坚守这一板块,接下来的大牛市则只能是回本。

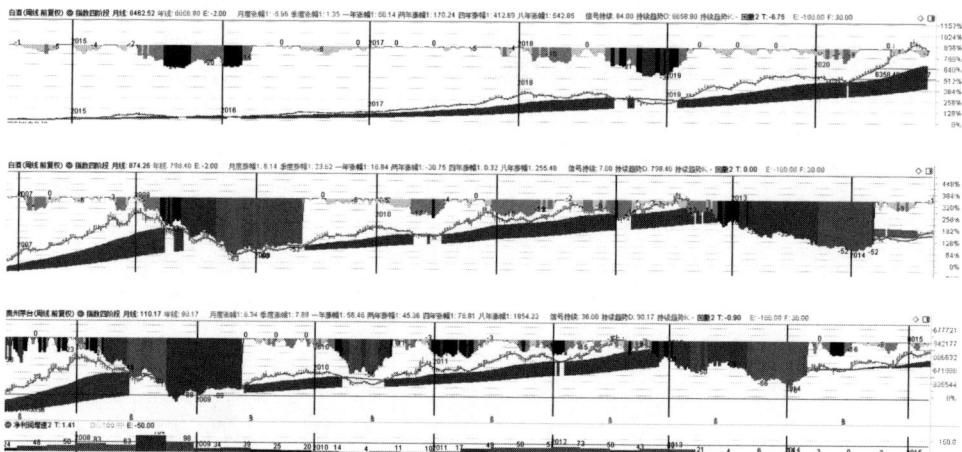

很多投资者当然会从事后的角度来讲,如果一直坚守到今天,那么会大赚特

赚，因为白酒板块是过去5年中表现最佳的板块，而不是之一。但是我要表达的是，投资不能只看结果，毕竟结果只能是事后的。我想表达的是，其中的过程同样重要。为何就不能先避开2013年的大跌，同时也避开2014—2015年的明显被大盘带动的跟随上涨呢，而到了2016年之后的白酒板块作为整个市场的主流板块，再参与岂不是更好。

价值投资强调长期，毕竟是静态，反身性强调动态，但分寸难以拿捏。而反身性与价值投资相结合，则使得价值投资动态化，同时分寸的拿捏得以具体化。这意味着，无论你是个人投资者，是一个只想把现有的每年甚至是想每个季度的资本都保值增值的投资人，还是一个机构投资人，需要做到资产负债匹配，那么就必定有一套具体的投资要求，这种要求是投资的后门，是一种风险控制要求。

体现为流动性、回撤等风险控制要求，最后才是投资回报。这与我们日常交流的，一开口就是赚了多少、盈利多少，是完全不同的思维模式。投资是在一定投资限制内实现投资回报的不确定性行为。而投资限制的最低要求其实是确定的，结果是不确定的，但是我们常常没有要求，只一味追求投资回报，那么必然就会变成一味贪婪；而当风险来临的时候，则是被恐惧所笼罩，结果就会乱了分寸，投资风格也会飘忽不定。如果一开始就明白投资的限制，做好投资风险的预案（包括事前、事中和事后），那么其实风险都是可控的。所以，"投资是没有风险的，不可控的投资才有风险"说的就是这个意思。

第 13 章

从市场层面假设牛/熊市或者结构性市

证券投资与实物投资最大的不同，主要是组合投资。具有基本要素高度相关性的股票就会被投资群体纳入相同的组合类别进行分散配置。那么，只从单个企业来看待股价波动就会有失偏颇。事实表明80%的企业在80%的时间里的股价波动，不是由企业自身的基本要素变动所引起的市场主流偏见变动来驱动股价涨跌的，而是由市场风险以及与公司基本面属性相关的风险因素所驱动的。

马科维茨是现代资产组合投资理论奠基者，并且后来还被授予诺贝尔经济学奖。事实上，现在的机构投资者，不论是养老基金、社保基金、保险基金，还是公募、私募等机构投资者，都是采用了组合投资的。组合投资与价值投资并不互相排斥。

事实上，由于这些机构其实都属于资产管理人，它们还必须不断进行仓位管理以应对资金实际拥有者的兑付需求。在股价走势那部分笔者已经分析了，这些机构的组合管理还是很被动的，它们会在净值快速提升的时候被动地拥有更多资金，而这个时候往往也是市场行情不错的时候。而如果它们的净值不断地随市场回撤，它们还不得不被动继续减少头寸（换句话说共同基金会被动成为趋势投资者）。

接下来的问题是，在行情已经持续一段时间，机构的净值普遍也不错，它们的管理规模会迅速扩大。那么这部分新增资金投向哪里呢？这是一个很有意思的问题。只需要做一个简单回顾，大部分机构会投向它们原本持有的标的，或者具有相同风格的标的，同时还会放松选股标准和择时要求。

选股方面向两个方向进行拓展：从行业角度讲，一个是次选的行业，一个是同行业里二流的公司；从其他风格因素角度讲，比如原本配置大盘成长股的，会增加中盘成长或者大盘价值股。换句话说，会继续行业扩展，或者风格扩展，这里的风格不限于规模和价值，还包括质量和动量等。这就导致原本一流的核心资产继续上涨，而同时整个板块会继续上涨，还会延伸到相关性较大的板块。择时方面，当然就是逐步由绝对估值向相对估值转变，结果使得整个市场的高估都合理化了。

固定策略的投资人，尤其是所谓的坚定价值投资人（机械价值投资人），固定的估值评价体系会成为其盈利的绊脚石。尤其在牛市中后期，奉行价值投机的，也就是价值选股、趋势投资的群体反而会得心应手。在组合投资理念下，在机构的市场里，由于存在不同风格的投资组合，自然可以将不同的因子权重放不同的比例，从而可以打破某个，甚至某些基本因素的约束。

所以，一旦牛市观点得到普遍认同，在没有做空机制的市场规则下，市场会快速上涨，不论是绩优股还是业绩不佳的标的。但是通常疯狂过后，也会迅速下跌，毕竟深度参与的产业资本和价值投资群体都会选择逐步退出。这就导致一个奇观，牛市的顶峰基金发行量剧增，听闻牛市的赚钱效应而新进入市场的基民和没有成熟投资体验的人会为牛市之后的暴跌埋单。

既然在整个市场进行组合投资，在投资组合理念主导下成为事实，那么，我们就可以好好先从这个层面出发，而不是最先从单个企业的基本面出发。

我们先来做一个回顾，当贵州茅台上涨的时候，从行业的角度来说，是不是同样可以发现作为高端白酒的五粮液和泸州老窖也会一同上涨，只是幅度不同而已，但周线级别的大方向是一致的，这是同行业类别中细分领域的方向趋同。同样，在大消费领域，如果海天味业上涨，那么不仅作为同细分类别的中炬高新会一同上涨，就连白酒龙头、医药龙头也会存在大级别的方向一致性。事实上，这种现象不是一次两次，而是一种常态。反过来思考，不要奢望整个白酒板块只有贵州茅台上涨，其他白酒全面下跌，同样也不要奢望整个苹果产业链只有立讯精密上涨，其他产业链的公司则出现完全相反的走势。

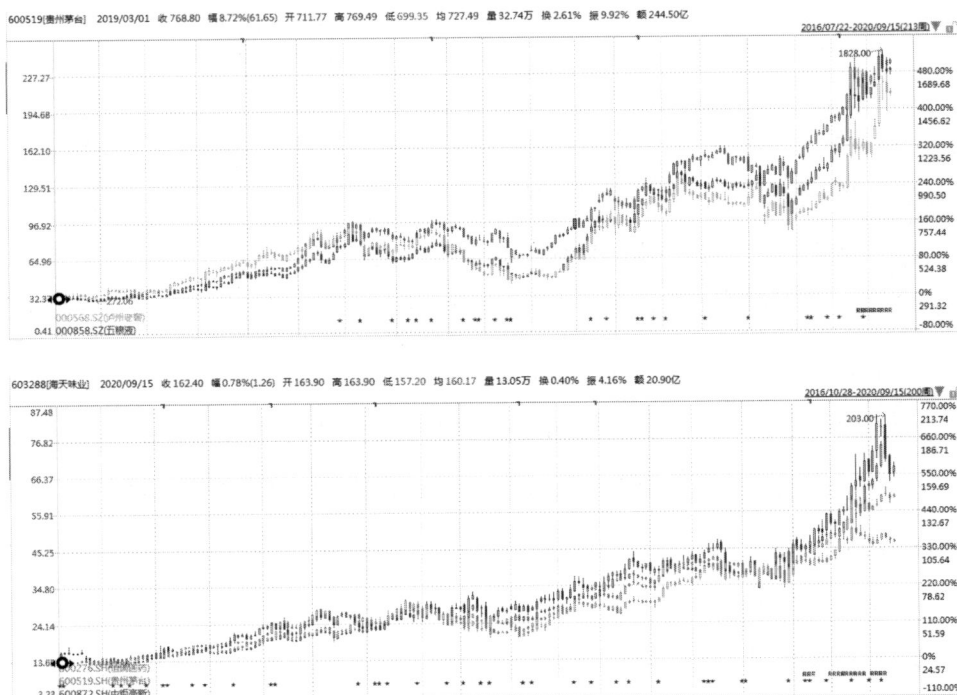

换句话说，你看好光伏产业，那么从市场层面来看，光伏产业链上的核心标的（硅料的通威股份、硅片的隆基科技、光伏玻璃的福莱特等）在大的级别上呈同方向走势，只是有些涨幅多些有些少些罢了。

甚至出现的情况是，其中不少环节龙头企业的短期经营业绩表现并不佳，甚至出现业绩增速下滑，但是其股价走势同样会跟随整个板块，毕竟单个的企业不能脱离整个产业链而独立存在，某个环节的短暂供需失衡，并不妨碍整个产业和产业链各环节龙头企业的长期逻辑。

所以，那种一味从单个企业的基本面，尤其是从短期的经营情况来预期公司股价的方向的做法是难以理解的。

同样，在组合投资理念下，机构还会同时把产业链各环节的龙头企业全部配置上，甚至完全可能在产业链中体量较大、格局更加清晰的环节多配置些，而对于单个企业的业绩考虑可能更加弱一些。

所以，很多时候从组合投资和资产配置的视角来看待市场，可能更加贴近市场运行的方式。

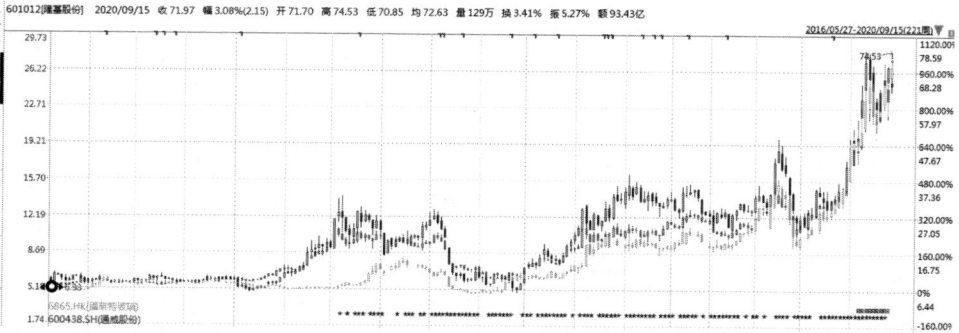

同样的道理，从这个角度出发，就会抛弃掉传统价值投资理念的标准，比如你看好医药行业，结果发现恒瑞医药估值超高，或者你看好食品板块，结果发现海天味业估值也太高了。甚至，仅从纯价值投资的角度来看，A 股的核心资产早就高得离谱，全部都没法买了。但是会发现，2020 年涨幅最好的还是那些核心资产。

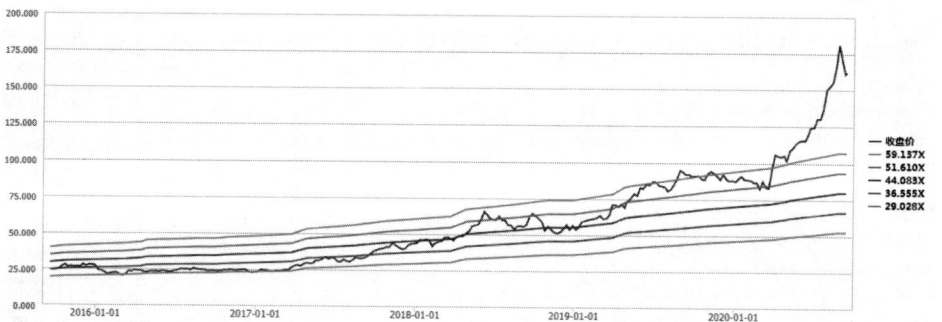

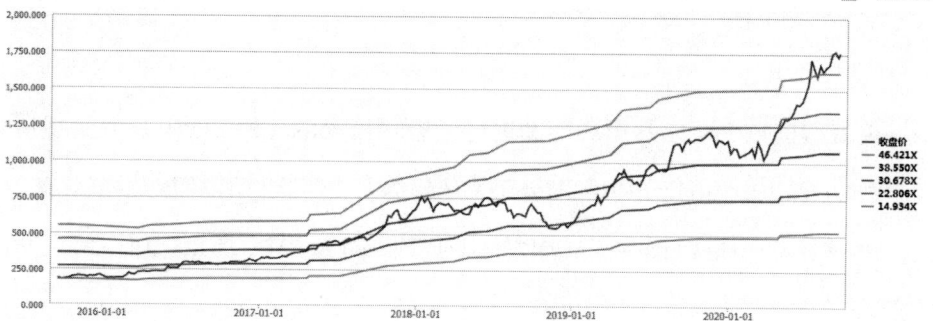

恒瑞医药[600276.SH] - PE/PB-Band

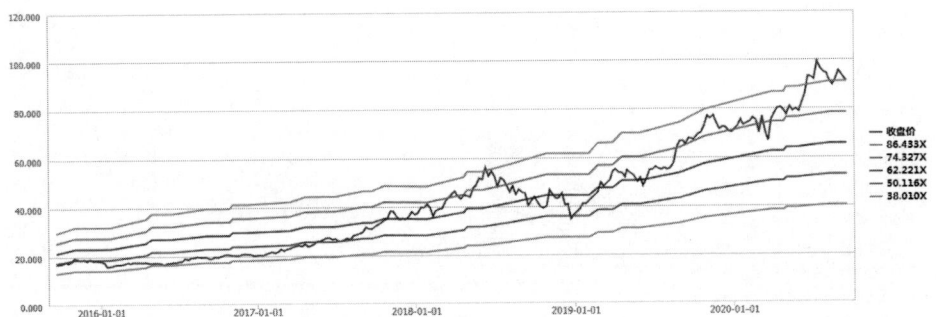

迈瑞医疗[300760.SZ] - PE/PB-Band

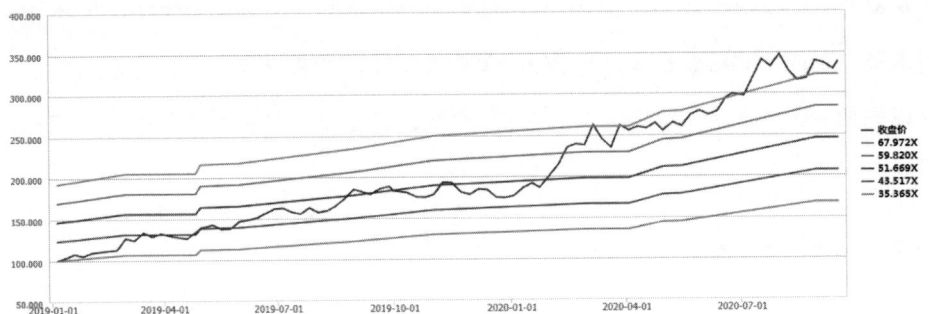

长春高新[000661.SZ] - PE/PB-Band

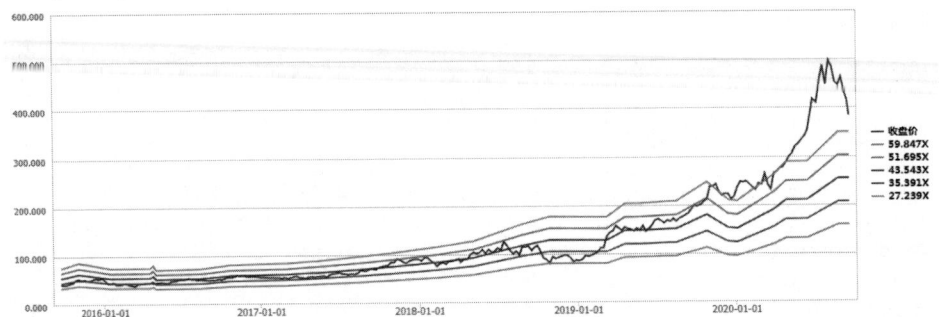

　　这就得出一个可以从市场层面进行假设和检验的思路。如果从宽基视角出发，发现沪深300和中证500同时处于上升趋势之中，那么可以假定牛市成立。相反，如果沪深300指数和中证500同时处于下降趋势之中，那么就可以假定熊市成立。

　　一旦做出了牛/熊市的假设，就可以进一步进行有关于牛/熊市内部结构的观点假设，比如会存在明显强于同类板块的主流板块，而主流板块中还会存在明显强于同类个股的领头羊股，并且与此同时其他板块和板块内的其他个股大多也都处于百舸争流的上升趋势之中。

如果以上观点都成立，那在做策略的时候，就可以考虑大胆跟进，而不应该被基本要素的诸多不利信息干扰。因为这个时候是牛市，牛市就是多头市场，参与主流板块则成为非常有效的投资策略。

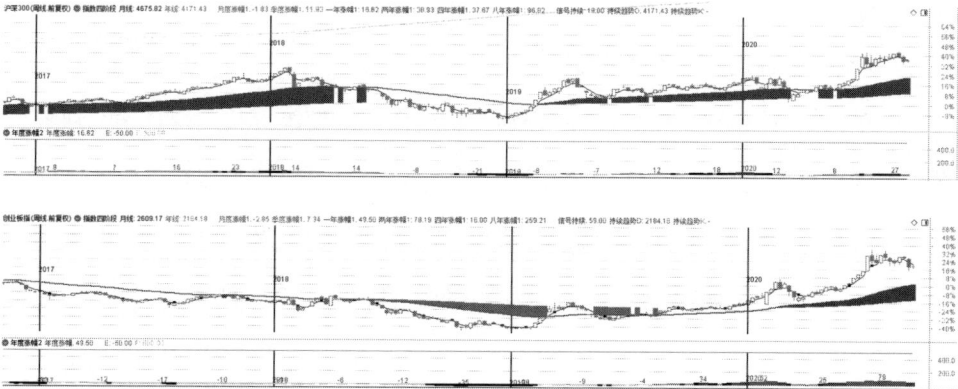

而如果发现，某些板块出现明显的下跌趋势，那么你就得对牛市假设做一番思考，可能得修正为结构性市场观点假设。而如果有幸你一早跟进的就是主流板块，那么可能还是安全的。而如果是边缘的板块，可能已经处于震荡的状态。这个时候的策略就是需要调整到主流板块，同时查看主流板块是否出现急于赶顶的信号（通常是快速上升，同时伴随成交量巨幅放大）。事实上，对于小资金，是可以只做主流板块，只做领头羊股票的。

但可能出现一种情况是主流板块的估值比非主流板块估值要高许多，领头羊股比非领头羊股估值也高许多。这就存在明显的看似市场预期与个人所评判的基本因素不匹配的地方，而前面提过要匹配起来。

这正是反身性价值投资的用武之地。矛盾时刻存在，真正的市场总是不匹配的。前面已经得出，整个市场是由组合投资、价值投资、趋势投资所主导的。这三种理念本身在选股、择时的标准上就是不匹配的。

　　那么，由不同的市场投资理念所构成的投资群体主导的市场又怎么可能将市场和基本趋势按照个人的想法完美匹配起来呢。不匹配才是常态，而行情的发展主要还是受市场主流偏见的影响，尤其上一个明显的偏见上达成共识，市场就会按照这个市场主流偏见运行一段时间，直至市场都认为行情的发展完全超出预期，完全脱离基本要素的检验，连参与的人都选择了放弃，出现连续抛售，才是一轮轰轰烈烈市场主流偏见被抛弃的信号。而只要没有被抛弃，市场没有出现连续抛售，那么都可以认为以这个市场主流偏见为主导的行情还在继续。简单来说就是，只要没有被证伪，就当它是真的。

　　但是，对于明白这一点的人，最好参与的过程中就要能逐步发现其中的缺陷，不要等到抛售的时候，还坚信不疑，认为"千金难买牛回头"，那就大错特错了。因为在牛市行情发展过程中，就已经蕴藏着巨大的风险了。如下图所示，上证指数在2005—2007年那轮牛市中大幅上涨了5倍，随后在2008年最大回撤幅度达到了71%。

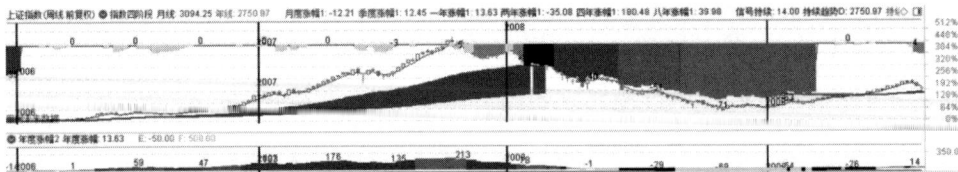

　　2013—2015年以创业板为主导的牛市中，创业板上涨幅度超过4倍，而到了2015年下半年的半年时间里最大回撤幅度达48%。事实上，创业板在2016年后持续下跌到2018年，要算累计跌幅，早已经超过了50%。

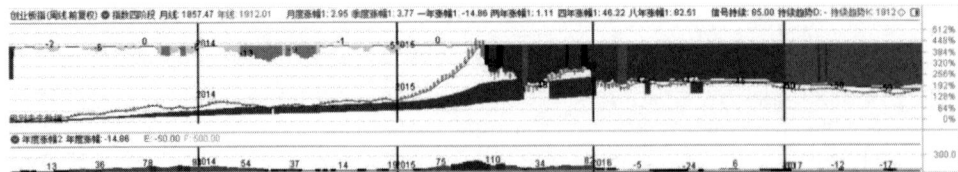

而同期涨幅不大的上证指数,只上涨1倍多一点,为创业板的1/4,但是在2015年下半年最大回撤幅度同样高达46%。

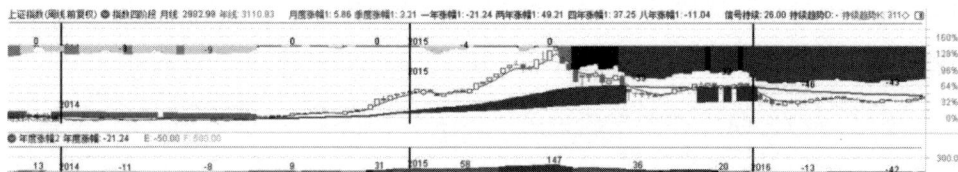

从以上事实可以得出,一方面我们得承认在牛市偏见下,巨大的涨幅所带来的潜在投资回报;另一方面,我们还得明白,牛市所蕴藏的巨大风险,在熊市的时候会带来快速回撤或者长时间回撤。简单来说就是暴涨过后伴随的就是暴跌或者长期而缓慢的下跌,甚至两者都有。

这只是行情层面的,是关于基本面的市场偏见体现在股价上面的,而如果仔细回顾其中股价与基本面对应的情况,会发现那种市场对基本面的过度反应表现得非常明显。

换句话说,在牛市背景下,有利好,会被市场过度解读,甚至经常能够听到"某某黄金十年"的言论;有利空,也会被认为是买入的"绝佳时机",低开也常常高走。承认这点,就会明白,短期内是牛熊/偏见主导投资者如何看待基本面,是投资者带着强烈的市场预期来解读基本面事实,而这种事实常常是被投资者先入为主的观念所扭曲了的。这会导致,越是能够清晰地看清基本面的投资人,反而在牛市中会过早下车。

过去,我有机会接触过一些企业界一线的人员,但在牛市背景下问及他们公司的经营情况是否真如市场报道那么好时,他们常常感到惊讶。而当他们公司的股价短期表现比较好时,他们却也跟市场人士一样,觉得整个市场有那么多股票基本面没啥变化的都上涨数倍,自家公司短期大幅上涨也很正常。

在这种强烈的看涨预期下,连产业界、企业界人士也会释放明显的利好信号。这种信号对于试图验证市场偏见的人士而言,反而变成了证实。所以,在牛市背景下,尤其是牛市的中期,几乎难以见到基本面有什么不利的要素。投资者,不论是市场资深人士还是初入市场的人员,要的是如何最大化投资收益和加入这班财富升值快车,而不是仔细考察贵不贵、高不高、好不好等性价比问题。

所以,反过来看,在牛市假设成立的时候,在没有被证伪的时候,不能把基本面要素作为重点评价标准。因为这个时期就已经是非常时期了,纯价值投资理念者也是不应该在这个时候再开仓的。巴菲特就是标准的典范,他都是等风险释放的中后期才会买入,在牛市初期是持有,等待市场过分高估才会选择离场。

而对于普通投资人,很多时候是在牛市的时候才会加仓。其实这个时期基本不会存在什么基本面的安全边际,不论是依据业绩选择戴维斯双击的,还是从长期逻辑抱团核心资产的,都是在追涨。

而在牛市背景下,如果还出现估值较低的、股价滞涨的,那可能需要警惕这类股票了。因为在大牛市环境下,为何他们却迟迟不被市场投资者所发掘,市场投资者为何要去买那些一而再再而三上涨的标的呢。从市场出发,先理一理市场的思路。

不要一味从自己出发,否则可能就被市场抛弃了。反身性价值投资,虽然强调辩证地看待市场,认为市场总是错的,但并不意味着你与市场进行对抗,你要证明市场是错的,那么就得先知道市场运行的逻辑,市场投资者在想什么,在干什么,他们所看中的哪些基本因素是你所没有看到的,而不是从个人仅有的知识和信息去套市场运行的逻辑,那就犯了大错了。

市场是有明显的周期性的,典型的牛市或者熊市,一旦形成明显的趋势,通常会持续数年,那么这个时间框架里,市场背景就会成为主要的操作环境。在牛市背景下,寻找出主流板块,是牛市背景下获取超额收益的制胜法则。

通过指数界定四个周期:底部阶段、上升阶段、高位震荡阶段、下跌阶段(股

票四阶段理论可以参考《史丹·温斯坦称傲牛熊市的秘密》和马克·米勒维尼的
《股票魔法师——纵横天下股市的奥秘》）。用周线图中的年线来划分这四个阶段，
指数在底部且围绕年线附近波动属于底部阶段；指数在年线以上，且年线处于上
升趋势，那么就可以假定一个上升阶段形成，通常这个时候还伴随着成交量放大；
如果指数在建立了上升阶段后，在高位逐步靠近年线，甚至围绕年线波动，那么
就属于一个高位震荡阶段，中继也可能会反转；如果指数快速跌破年线，那么表
明一个下跌阶段形成。

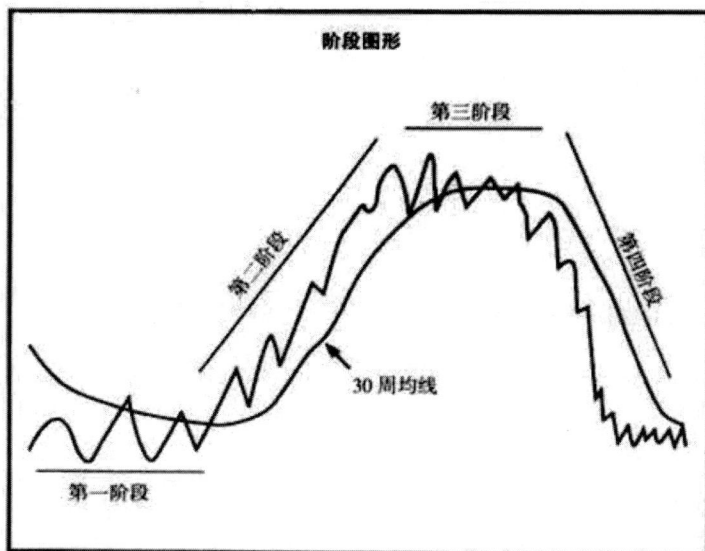

半导体板块就在2018年处于明显的下跌阶段，而在2019年上半年还处于底
部阶段，到了下半年就处于明显的加速上升阶段，而到了2020年二季度后就开始
处于高位震荡阶段了。

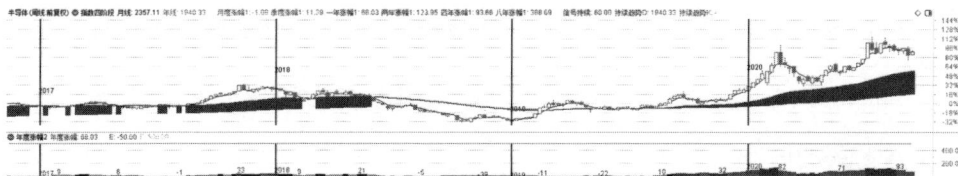

食品板块除了2018年外就一直处于上升阶段，尤其是2020年处于加速上升阶段。

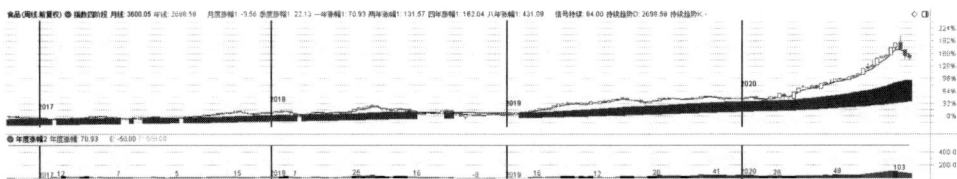

白酒板块与食品板块非常相似。不要认为白酒板块最近几年年年涨，就猜测会立马到头了，太贵了、太高了。事实表明，在牛市背景下，不涨的板块，不是主流的板块，风险才最大。牛市最大的风险，是踏空的风险，而不是太高、太贵。

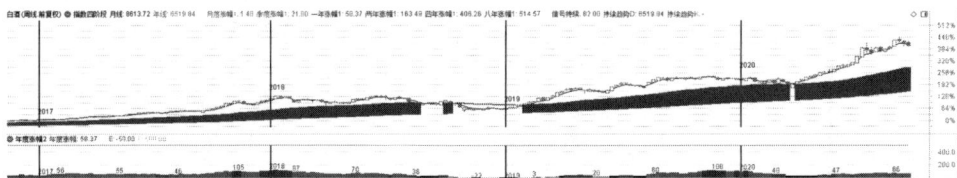

而石油开采行业就处于明显的下跌阶段，像这样的板块，是不用去抄底的，也不用觉得国际原油价格已经跌到了每桶11美元，跌得比较厉害，该反弹了。参与这样的板块，那就会浪费大量时间。

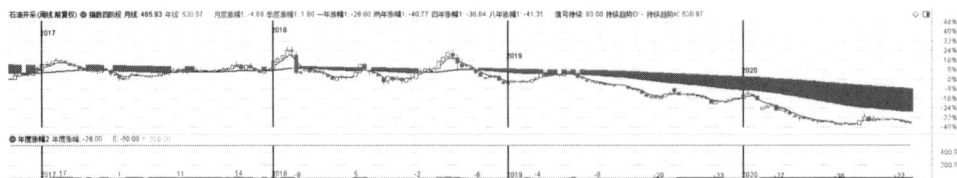

而像影视板块，在2019年的牛市行情下，几乎没有它的份，2020年还只发出了底部阶段的信号。

通过以上简单划分，就可以很清晰地知道哪些板块处于哪些阶段。同时通过底部的年度涨幅排序，就能够知道哪些板块处于主流板块。对于普通投资人来说只需要紧盯主流板块就可以了。

但是需要警惕主流板块见顶的信号。这可以通过鉴别快速拉升后的放巨量滞涨来识别。

比如，2020年8月中旬生物医药板块就在快速上涨后迎来了放量滞涨并且后续还在继续下挫，这就是明显的阶段性见顶信号，这个板块就可以暂时避开。

回顾2015年那轮牛市，软件板块作为主流板块在连续快速上涨后，上涨伴随着成交量放大，但是市场需求旺盛，这就可以持续持有，而一旦像6月19日那样放量后单周大跌15%，这就是明显的集体抛售潮信号。尽管后面还有政策救市、央行降息，这都不应该理会，而应该守住钱袋子。

　　有了对整个市场的画像后，就可以相对客观地评价市场了，只有这样，才能够为策略提供明确的决策依据。通过以上的市场刻画，就能够得出，牛市参与，熊市避开；重点布局主流板块，进一步参与其中的领头羊股票。同时还能够知道在顶部的时候，及时退出。

第 14 章

从基本面层面假设持久和突变

如果不对基本面进行像市场那样明确标识，我们就会陷入纯趋势投资的框架里。对基本面的刻画，先是用财务指标，而对于选择什么样的财务指标，其实也很好理解，价值投资之所以被逐渐从价值派延伸到成长性投资，就是因为企业能够不断成长，才能导致企业的价值不断增长。

所以，选择高质量成长的企业就成为选股的重中之重。那么怎样的企业才算是优质的，怎样的企业才算得上是成长的，用企业的盈利能力指标和成长性指标就可以简单刻画了。同时，企业在行业中的地位，可以用规模指标来衡量。这样我们就可以通过这三个简单的指标来进行基本面画像了。

过去几年核心资产这个概念频繁出现，甚至会出现"科技中的茅台""药中茅台"。那么我们首先看看茅台的以上几个财务指标和股价的长期走势。我们可以发现贵州茅台从2015年到现在的净资产收益率均超过25%，且净利润增速在2015年至2017年加速提升，在2018年大熊市的时候，业绩也不逊色，在2019年至2020年业绩虽然有所放缓，但仍然获得不错的增长。

事实上，我并不想简单地陈述事实，而是想说，一家公司能够持续数年都获得超越同行的佳绩，同时还能够穿越行业景气周期，那么我们就可以假定这家公司具有某种持久的竞争优势，而且只要这家公司的财务指标同样没有明显地变差，那么就可以假定其未来依然可以保持这种势头。至于未来何时这种竞争优势不在，何时增长停滞，我们不用去猜测。因为猜测准确，完全可能对投资不利。

记得2019年底，贵州茅台出台了2020年经营规划，规划目标是2020年出货量比2019年增长11%，那么可以大致估算2020年的业绩增速也就在十几个点左右（包括经销转直营的变相提价，同时，茅台在2019年也明确提出要稳定出厂价），事实上，在2020年一季度受影响，市场原本非常担心其业绩增速，但公司公布出来的业绩再次表面了其强大的抗压能力。

另外，我们可以通过这些指标来标识和进行基本面简单假定，但绝对不用它来推测股价走势。如果用基本面走强来推测股价走势，那就完全违背了市场运行的逻辑，因为我们认为股价短期主要受市场主流偏见的影响，而不是业绩的简单增长或者降低。但是超预期的突变除外，因为这种突变可能表明投资者不得不大幅修正其市场主流偏见。而不引起市场主流偏见大幅改变的业绩走势，我们认为其对股价走势影响不大。

市场上还是会存在一种想找戴维斯双击或者戴维斯双杀的基本面与股价共振的强烈动力。当然，反身性价值投资理念并不排斥，反而很愿意接纳这种情形。但认为是两个维度的综合，而不是简单地从基本面直接导向股价。

我们将戴维斯双击换成这样的表述方式：在整个市场处于至少是结构性行情的背景下，那些基本面处于加速下的企业更能够获得价值投资理念的青睐，随着价格上涨，其基本面也会得到更多的市场群体认可，从而导致趋势投资和组合投资理念群体也会进一步助推行情。从这个层面就表明了，哪怕基本面业绩再好，也完全有可能在市场走熊的情况下，趋势投资者和组合投资者撤退，导致股价快速而大幅杀跌，形成对纯价值投资理念的群体踩踏。

从2015年至2020年长春高新的股价可以清晰地看到，公司这五年的净资产收益率复合增速超过15%，近五年净利润增速持续处于高增长状态，但从股价走势和业绩增速的情况来看，很难用戴维斯双击来表达它们之间的明确关系，比如2015年和2018年，这两年公司的业绩都处于超高速的增长状态，业绩增速超过50%，而这两年的股价年度涨幅均小于50%，而且2018年的股价涨幅甚至为负。足以表明在1~2年内公司的股价走势与业绩增速的不确定关系。通过回顾市场环境，我们知道2015年整个大势处于暴涨暴跌的牛熊转换时期，2018年则处于持续下跌的熊市之中。所以，在大势处于明显的熊市阶段，再强的基本面似乎也难以引起所谓的戴维斯双击。

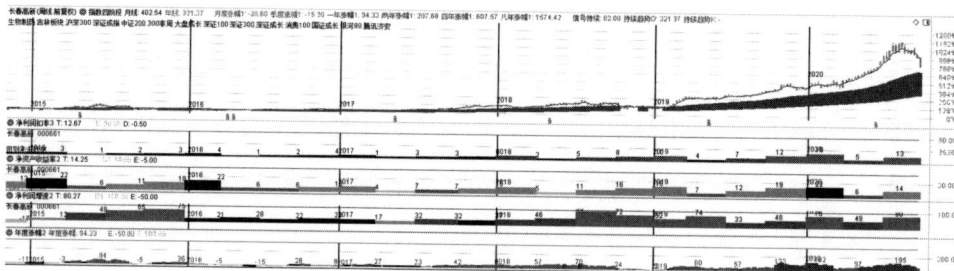

如果换一个视角，毕竟业绩只是体现基本面的一个方面，持续的盈利增长并不否定其长期对股价的主要影响力。在短期内，如果我们从市场背景出发，会得出戴维斯双击合理解释。也就是只要市场处于有利的市场环境（牛市或者公司所在板块为主流板块），其中的公司如果正好业绩处于快速释放之中（业绩高增长），那么这家公司受到资金额外青睐的概率就会高很多，如果其长期逻辑还能够说得通（主要体现在长期的市场前景、公司在行业的地位等），那么就会形成所谓的戴维斯双击奇观。

比如2019年和2020年的长春高新，就属于市场处于牛市背景下时，恰逢公司业绩快速释放的阶段，股价快速增长。2018年业绩增长52%，其中半年度业绩增速高达92%，但公司股价年度累计下跌4%，因为是熊市背景；2019年业绩增长76%，股价上涨180%，2020年业绩增速80%，股价最高一度上涨195%。

虽然短期的业绩不必然导致短期股价涨跌。但是公司业绩从长期来说还是对股价构成重大影响。巴菲特说："市场短期是投票机，长期是称重机。"芒格说，从长期来看，一只股票的回报率与企业发展息息相关，如果一家企业40年来的盈利一直是资本的6%（即ROE6%），那40年后你的年化收益率不会和6%有什么区别，即使当初你买的是便宜货。如果企业在20～30年盈利都是资本的18%，即使当时出价高，其回报依然会让你满意。所以，长期而言，企业的盈利就像数学法则一样迟早会发挥作用。

　　一定要重视这条法则。不然就会陷入纯市场环境和短期市场主流偏见的两要素投资模型，而完全忽视掉企业基本面在长期内发挥的重要影响，那么就偏离了企业价值作为股票基石的根基。

　　基本面的分析，有一个非常重要的好处，那就是在任何市场环境，我们都能够清晰地知道关乎价值投资本质的事情。换句话说，哪怕没有股市，我们似乎也能够对企业进行定价，也是有一个价值的。哪怕你买入股票后，股市关门了几年，几年后再开市，那么这个时候企业的价值在定价中的作用一定会被凸显出来。所以，如果投资时间跨度拉长，基本面在决定企业长期股价走势方面发挥的作用就显得非常重要。

　　然而，这条假设在现实中几乎是不可能的。存在也是零星的，比如企业重组，停牌后隔一段时间复牌后的重新定价，但是其定价也并非完全脱离整个市场环境，所以，我们常常看到一级市场会用相对独立的自身基本面来作为定价依据，同时还会参考整个市场进行市场法定价，也就是参考市场同类企业的市盈率、市净率、市销率等指标来作双重定价。而一旦复牌后，二级市场还是会立马转为通过交易来形成股价走势，这其中决定股价走势的依然会回到四要素匹配原则了。

　　但是，前面也反复提到，在当下信息相当透明的时代，在组合投资、价值投资和趋势投资等主流投资主导下的市场，优质的企业，尤其是相对持久的优质企业一定在两个方面有所体现，一方面是企业定性方面的行业地位、独特竞争优势和定量的财务指标；另外一方面则是股东结构，直白地说就是已经有一批机构进驻了。

　　第一方面已经被价值投资者反复讨论过了。但是他们大多是想通过自身独立的判断来筛选出优质的企业，典型的如产业或者行业分析、企业分析等。然而，真正有价值的基本面存在于未来，所以，这种分析如果不能得到后面市场的验证，不能得到市场同仁的认可，也完全可能只是一厢情愿。而且，所谓的独立判断，对于大多数投资者而言其实是痴心妄想。普通大众进行基本面分析，只是在加入大家目前普遍认可的优质企业而已，而不是挖掘未来的优质企业。

所以，大部分投资人是在加入大家目前普遍认可的优质企业，那么至少当下所谓的优质企业是已经被市场筛选出来了，而且体现在这些企业的股东名册以及股价走势特征上了。这一条信息，虽然是二手的，显得有点低级，但同样是一条重要的信息。就像在已经人人知道的牛熊背景下加入进来，只要做到适可而止，也不失为一种明智的做法。总不能因为错过了熊市转牛市的最初阶段，就不参与牛市的中期阶段吧。那么对于已经被认可的优质企业，也可以纳入自己的选股标的范围，这反而是一条比较实惠的选股策略。

但是，很多投资人总想做第一人，试图发现股价还处于底部的未来大牛股，试图发现公司业绩还没有被证实的未来潜力股。但是，这种的成功率其实比那种已经被证实的白马股要低很多。而如果还不采用组合投资，而是非常集中的持股策略，那么可能既浪费了精力，最后还得不偿失。获取超额收益，并不一定要在选股层面成为挖掘牛股的第一人，超额收益是综合的表现，同时也得兼顾风险和收益。

事实也表明，已经被证实的优质企业，只要不是进入大熊市，这类企业带来的投资收益不会比新兴的优质企业差。比如，长春高新、迈瑞医疗、海天味业、立讯精密等。我将以这些大白马股作为案例，同时将海康威视等大白马股作为退出案例，并且分别从企业的基本面、股价走势来查看。

长春高新：公司作为生长激素龙头企业，过去五年净资产收益率年化超过15%，净利润增速持续稳定增长，且近两年还在加速。股价从长期来说，与持续稳定的基本面特征比较匹配，长期向好。

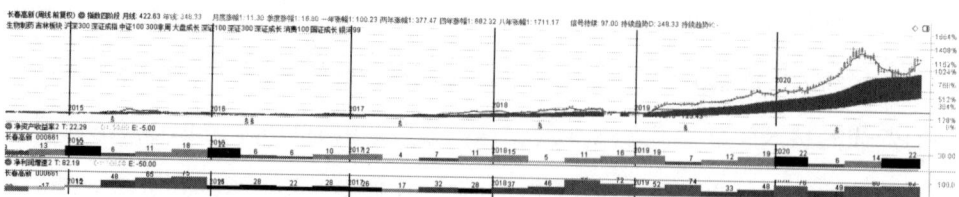

迈瑞医疗：公司作为国内医疗器械龙头企业，回到A股后净资产收益率依然保持超过20%的盈利水平，净利润增速也是持续稳定增长。股价也与基本面特征比较匹配。

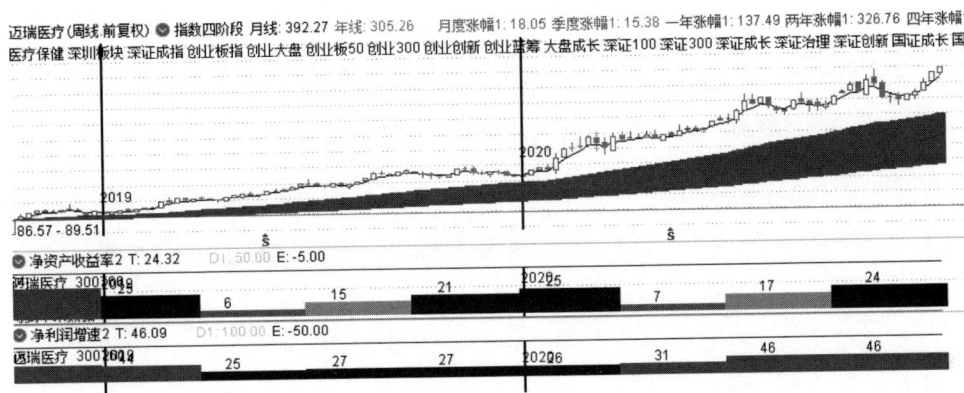

海天味业：公司作为调味品行业龙头企业，过去五年净资产收益率超过25%，净利润增速持续稳定性增长。股价也与基本面特征比较匹配。

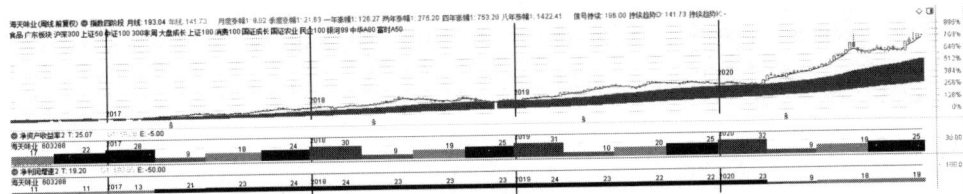

立讯精密：公司作为消费电子产业链上游龙头企业，过去五年净资产收益率超过15%，净利润增速保持高速增长。股价也与基本面特征比较匹配。

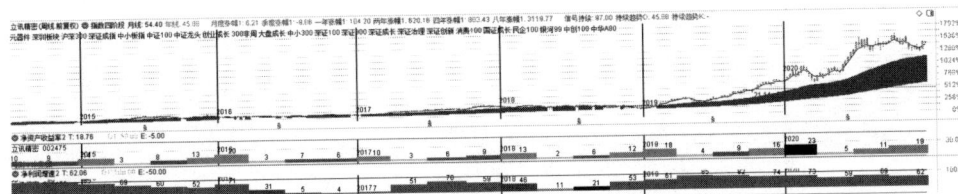

海康威视：公司作为安防行业龙头企业，过去数年保持着高盈利和高成长性，但近两年增速明显下了一个台阶。同样可以看到股价与基本面特征的匹配性。所以市场其实是比较高效的，尤其对于各行业的龙头企业。

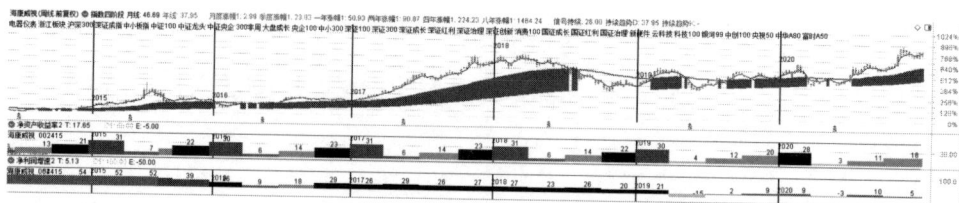

　　一方面，我们可以看出，对于成熟性的行业，股价与基本面特征的匹配关系是相当稳定的。但是对于成长性行业，如果仅从微观企业层面的基本面视角来找与股价的匹配关系，则显得捉襟见肘，这是由于这类行业容易受政策和资本以及技术的重大影响，而这种影响往往会带来整个行业的变革。所以，我们需要对这种基本面容易发生突变的领域用另外一个视角来处理，比如，从中观行业的视角来化解微观企业不大匹配的窘况。

　　比如，过去两年的半导体行业产业链，最近的光伏产业链和新能源汽车产业链，等等。尤其是半导体产业链，那么从微观视角，就不应该多投资这个领域的A股企业，但是从一个国家中一个产业的发展阶段来看，我们的半导体产业又属于新兴产业。所以，半导体产业的投资也像其他新兴产业的特征一样，暴涨暴跌，一二级市场联动效应明显。

第 15 章

通过市场主流偏见、基本趋势和股价走势进行三重检验

我们在拥有对基本趋势的客观评价标准和整个市场的画像的同时，还需要聆听市场的声音，因为基于基本面的和市场的核心要素是非常客观的，客观的往往是冰冷的、理性的。但是市场是有温度的，市场还在不断传递其逻辑。所以，市场是动态的。

这就需要对市场动态性的一面同样进行积极跟踪，而反身性价值投资理念直白地指出，要将市场主流偏见放在主要的位置。因为正是市场主流偏见在市场中扮演的角色才使得市场变动丰富多彩。

而对市场主流偏见的跟踪，似乎没有比券商更加全面的了。前面提到，券商可是紧密连接着产业界和投资界，它们传达着有关基本面的和市场层面的重要信息。但是这些信息鱼龙混杂。这就使得没有形成投资体系的投资群体总是抓不到要领。

同时，由于券商也是市场主流偏见的重要纽带和传递者，那么从事后来看，往往也总是会与事实不符，结果很多投资者就会觉得券商的预测通常没有价值。正如凯恩斯说的，不论这些市场发声人是对是错，但是其影响力却是不容忽视的。

想象一个没有券商发声的市场，那将是多么枯燥乏味。同时投资的成本也会大大提高，因为要对基本面有理解，各个投资者将不得不自己进行实地调研，这有点类似彼得·林奇在百货商店对各家公司的商品进行调研一样。然而这些商品的市场前景到底多大，公司到底有多少渠道，是全国性布局还是区域性布局等，不是简单通过一人考察就能获得的，哪怕能够考察，那么能够跟踪的上市公司也会非常有限。

好在现在是信息时代，同时也有券商给予足够的解读。好的公司几乎不存在没有被券商覆盖的现象。这在一定程度上表明了券商的深度研究其实在某种程度上已经帮我们进行了投资的初步筛选。并且，券商还对这家公司的产业逻辑，市场竞争格局,公司在行业的地位,企业发展前景,公司经营状况以及未来1—3年的业绩预测和同行业的估值优劣进行了分析和比较。

正因为如此,我们对这家公司的画像就不是停留在自我的贴标签层面了。还能够通过券商的观点得知市场普遍的认可情况。因为前面反复提到,券商是传递产业界和投资界信息的中坚力量。换句话说,券商的声音,其实也代表着权威的观点。

同时,我们还拥有价值投资理念的普遍思维方式,那么就能够从观点中分离出哪些是基本面要素,哪些是市场主流偏见。其实,券商以行业划分为基础进行的各行业深度研究也正是基于由经典价值投资理论建立的研究体系。这样我们就能够进行大胆假设,可以构建基于基本面的市场主流偏见假设以及自身的独立看法了。

比如,2020年受市场主流偏见青睐的行业:装配式建筑,其中的龙头股当属鸿路钢构。如下图所示,鸿路钢构的业绩在2017年至2018年还获得相当不错的增长,2017年净利润增速达44%,而2018年增速达到98%,但是公司股价在这两年里分别下跌了28%、21%。而在2019年业绩增速明显放缓的时候,2019年股价上涨72%;2020年业绩平平,但是其股价最高涨幅一度高达6倍。

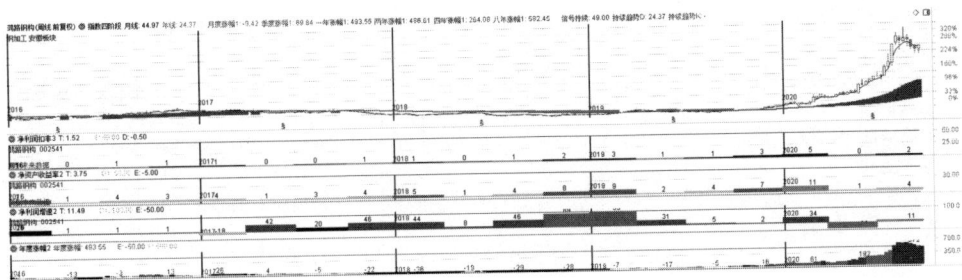

为什么能够带来如此巨大的涨幅?难道是游资的行为吗?难道是某个主力在哄抬股价吗?显然不是,因为通过机构的数据可以得出答案。从下图可以清晰地看到,在整个2020年二季度是大量机构在买入,机构数量达到241家,与一季度

相比，增长超过6倍；持仓市值达到34亿元，占整个流通A股比例达到了31%，与一季度相比，也增长了一倍。由于从公司披露的业绩来看，2019—2020年业绩都比较一般，丝毫看不出股价能够如此迅速地上涨。2019年还可以用牛市背景来简单解释，但是2020年就不得不用公司的市场主流偏见来解答了。同时，也再次否定了短期业绩与股价的对应关系。

【按全部机构汇总】

指标/日期	2020-06-30	2020-03-31	2019-12-31	2019-09-30	2019-06-30
机构数量(家)	241	36	59	4	50
机构数变化量(家)	205	-23	55	-46	40
持仓量(万股)	11658.92	5989.78	7343.58	2658.36	3325.66
持仓变化量(万股)	5669.14	-1353.81	4685.22	-667.29	1471.73
持仓市值(亿元)	34.09	8.97	7.78	2.14	2.63
持仓占已流通A股比例(%)	31.47	16.21	19.87	7.19	9.00
持仓变化量占已流通A股比例(%)	15.30	-3.66	12.68	-1.81	3.98

【按机构类型汇总】

指标/日期	2020-06-30	2020-03-31	2019-12-31	2019-09-30	2019-06-30
基金家数(家)	238	33	57	3	46
基金持股(万股)	10261.41	4614.21	6115.12	2143.83	1643.05
占流通A比(%)	27.70	12.49	16.55	5.80	4.45
QFII家数(家)	----	----	----	----	?
QFII持股(万股)	----	----	----	----	780.16
占流通A比(%)	----	----	----	----	2.11
保险家数(家)	1	1	----	----	----
保险持股(万股)	495.07	411.44	----	----	----
占流通A比(%)	1.34	1.11	----	----	----
券商家数(家)	----	1	1	----	----
券商持股(万股)	----	449.60	713.94	----	----
占流通A比(%)	----	1.22	1.93	----	----
社保家数(家)	----	----	----	----	----
社保持股(万股)	----	----	----	----	----
占流通A比(%)	----	----	----	----	----

【机构持股明细】(前30)

报告期: 2020-06-30

机构名称	机构类型	持仓数量 (万股)	持仓变化量 (万股)	持仓市值 (万元)	持仓占已流 通A股比例 (%)	持仓变化量 占已流通A 股比例(%)
国投瑞银创新动力混合型证券投资基金	基金	772.47	184.79	22586.97	2.09	0.50
富国天益价值混合型证券投资基金	基金	560.92	560.92	16401.35	1.51	1.51
中央汇金资产管理有限责任公司	特殊法人	514.53	0.00	15044.86	1.39	0.00
泰康人寿保险有限责任公司-分红-个人分红-019L-FH002深	保险	495.07	83.63	14475.90	1.34	0.23
长盛创富资管-宁波银行-长盛创富-盛鸿1号特定资产管理计划	私募	387.92	387.92	11342.63	1.05	1.05
国投瑞银精选收益灵活配置混合型证券投资基金	基金	379.28	92.82	11090.00	1.02	0.25
景顺长城资源垄断混合型证券投资基金(LOF)	基金	326.51	326.51	9547.13	0.88	0.88
大成睿景灵活配置混合型证券投资基金A类	基金	309.65	20.92	9054.30	0.84	0.06
华宝先进成长混合型证券投资基金	基金	278.96	1.83	8156.73	0.75	0.00
富国低碳新经济混合型证券投资基金	基金	244.18	244.18	7139.82	0.66	0.66
华夏行业龙头混合型证券投资基金	基金	230.00	20.01	6725.20	0.62	0.05
国投瑞银稳健增长灵活配置混合型证券投资基金	基金	227.51	30.87	6652.25	0.61	0.08
嘉实瑞享定期开放灵活配置混合型证券投资基金	基金	211.12	211.12	6173.15	0.57	0.57
睿远均衡价值三年持有期混合型证券投资基金A类	基金	200.84	200.84	5872.66	0.54	0.54
嘉实价值优势混合型证券投资基金	基金	193.36	193.36	5653.92	0.52	0.52
长城久富核心成长混合型证券投资基金(LOF)	基金	183.60	183.60	5368.32	0.50	0.50
中欧行业成长混合型证券投资基金(LOF)A类	基金	183.24	183.24	5357.81	0.49	0.49
景顺长城中国回报灵活配置混合型证券投资基金	基金	175.85	175.85	5141.85	0.47	0.47
嘉实稳固收益债券型证券投资基金A类	基金	171.36	171.36	5010.62	0.46	0.46
华夏行业精选混合型证券投资基金(LOF)	基金	158.26	158.26	4627.38	0.43	0.43

只需要查看券商对鸿路钢构的深度报告，就能够清晰地知道其市场主流偏见在2020年发生着巨大变化。传统观念认为钢加工行业属于夕阳行业，整个行业的发展也过了高峰期，所以给予的估值很低，PE能够给到双位数就不错了，不少还是个位数的水平。像这样"没啥成长空间"的钢铁板块，其实都太不会按照PE来给估值，而是按PB，现实情况是，整个行业的PB不少是破净的，行业的特性压制了整个行业的估值水平。

比如，华西证券在其深度报告中就按照行业前景、竞争格局和估值方法提出了整个投资逻辑。钢结构已踏上发展快车道。2018年我国钢结构产量6 874万吨，占粗钢产量比重仅7%，显著低于一般的20%水平，钢构渗透率低于15%。2016年国家便提出力争用10年时间将装配式建筑占新建建筑比例提升至30%，行业发展潜力巨大。2019年，住建部正式提出在住宅中试点钢结构，政策逐渐加码，而随着水泥、砂石骨料价格大幅上涨、农民工数量减少、工资上升，以及房地产企业提高周转率，预计钢结构施工工期短、机械化程度高的优势将逐渐体现，看好行业发展踏上快车道。

CR10不足15%，总包与规模化加工提升集中度。行业产值超6 000亿元，上市5家民营钢构+央企钢构体量依然较小，CR5仅5%、CR10仅10%。随着单体项目规模增大以及质量要求提高，认为未来行业将呈现两种发展路径：

（1）总包模式，承接项目，进行一体化设计施工，然后逐渐将部分钢结构构件生产分包给优质专业生产商；

（2）规模化加工，专注于钢结构生产，通过技术升级、规模化优势及精细化管理提升盈利能力，而两种方式都对钢构企业技术、规模提出更高要求，行业集中度有望提升。

规模化加工龙头破茧而出，驶上高速成长车道。公司商业模式主要聚焦在加工环节，目前ROE仅11%，未来有望随着规模扩张不断降成本提利润以提升ROE，公司有望成为PB-ROE投资策略的最佳实践。2015年以来公司逐渐聚焦钢结构加工, 截至2019年底产能240万吨, 全国第一, 同时公司凭借其规模、管理、技术等方面优势, 实现全行业最低吨成本(至少低于其余企业1 000元/吨)。随着公司产能进入密集投放期, 看好公司进入销售放量并带动单位制造成本继续下行的良性循环, 提升公司ROE, 从而使得公司进入高速成长周期。

预计公司2020—2022年归母净利润6.85亿元/8.69亿元/11.06亿元, 同比增长22.5%/27.0%/27.3%。

通过这篇报告就能够清晰地知道, 鸿路钢构得按照装配式建筑行业来理解, 装配式建筑行业在未来属于成长性行业, 行业发展潜力巨大, 产值超6 000亿元。

从行业集中度来看, 上市公司CR5只有5%, 那么随着行业集中度的提升, 龙头企业会迎来高速增长。

从公司层面来看, 鸿路钢构是这个快速成长行业中的龙头企业, 其具有核心竞争力(全行业最低吨成本)。

从券商给予的公司未来三年成长速度预测来看, 并不高, 只有25%的复合增长, 但是估值体系发生了变化, 不能按照PB来估值了, 应该用市盈率来估值, 也就是按照成长股的估值体系来。这就瞬间打开了估值空间。估值体系的变动, 就像通过高考考上了清华北大, 那么整个社会对你的前景的评价会瞬间提高。

正因为在2020年整个市场主流偏见发生了巨大改变, 鸿路钢构原来的PB在1倍左右徘徊, 2020年瞬间提升到了5倍, PE也从2019年的10倍不到提升到如今的40多倍。

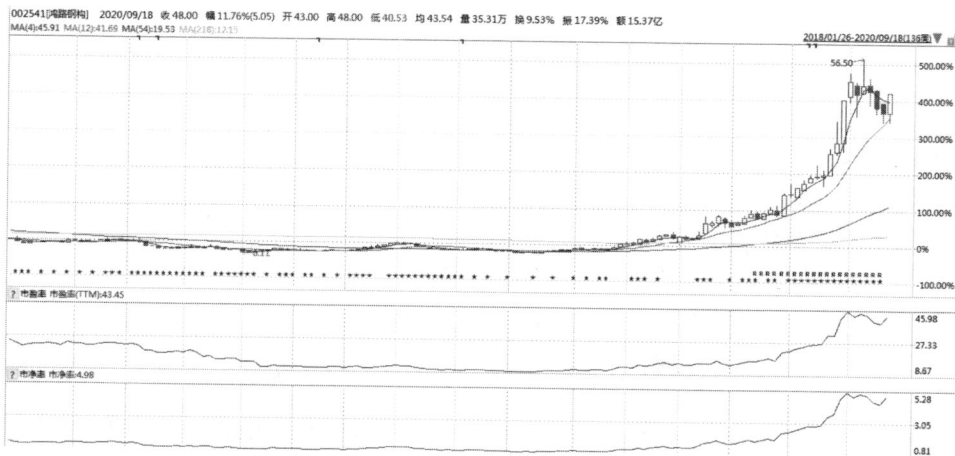

通过鸿路钢构的报告，我们还可以得出有关于市场主流偏见的运用，比如券商报告中提到了行业逻辑的转变导致公司前景的转变，而对应在二级市场目前也是估值体系的转变（虽然没有直接明说）。既然核心是产业的逻辑，哪怕像鸿路钢构这样被认为是龙头的企业短期业绩也是平平，而行业的空间那么大，那么一定会出现一批牛股。我们通过券商关于装配式建筑的行业报告，可以知道，券商在推荐，比如具有较好成长性的装配式钢结构龙头鸿路钢构、精工钢构，工业化内装龙头亚厦股份、金螳螂。

按照我们之前的分析，既然市场主流偏见是遵循行业逻辑的，对于基于价值投资和组合投资理念的机构，既然买入鸿路钢构是看好装配式建筑，那么同样应该组合买入装配式建筑板块的精工钢构、亚厦股份和金螳螂才对。通过查看它们的机构持股情况可以得知，的确如此。

精工钢构的机构数量从一季度的26家，增长到半年度的83家，但持仓占流通股的比例并没有变化，主要是机构之间进行了大搬家。不论是从券商将其纳入非龙头推荐标的，还是从机构持股情况来看，与半年度鸿路钢构和精工钢构的股价涨幅还是比较一致的。尽管两家公司都获得了翻倍的涨幅，鸿路钢构涨幅是精工钢构的3倍多。

【按全部机构汇总】

指标/日期	2020-06-30	2020-03-31	2019-12-31	2019-09-30	2019-06-30
机构数量(家)	83	26	36	6	37
机构数变化量(家)	57	-10	30	-31	31
持仓量(万股)	45513.87	45509.56	41674.89	39920.77	47449.27
持仓变化量(万股)	4.31	3834.68	1754.12	-7528.51	4301.17
持仓市值(亿元)	15.25	18.07	12.04	10.58	15.04
持仓占已流通A股比例(%)	30.13	30.13	27.59	26.43	31.41
持仓变化量占已流通A股比例(%)	0.00	2.54	1.16	-4.98	2.85

【按机构类型汇总】

指标/日期	2020-06-30	2020-03-31	2019-12-31	2019-09-30	2019-06-30
基金家数(家)	79	19	31	2	33
基金持股(万股)	7663.35	4898.45	3093.56	1846.46	5233.32
占流通A比(%)	5.07	3.24	2.05	1.22	3.46
QFII家数(家)	---	1	1	---	1
QFII持股(万股)	---	627.36	507.02	---	617.65
占流通A比(%)	---	0.42	0.34	---	0.41
保险家数(家)	---	---	---	---	---
保险持股(万股)	---	---	---	---	---
占流通A比(%)	---	---	---	---	---
券商家数(家)	---	---	---	---	---
券商持股(万股)	---	---	---	---	---
占流通A比(%)	---	---	---	---	---
社保家数(家)	---	1	---	---	---
社保持股(万股)	---	1383.23	---	---	---
占流通A比(%)	---	0.92	---	---	---

　　从亚厦股份的机构持股情况也可以看到,其机构数量也是快速增长,持仓占流通股的比例也获得了不错的提升,股价与精工钢构涨幅相当。

【按全部机构汇总】

指标/日期	2020-06-30	2020-03-31	2019-12-31	2019-09-30	2019-06-30
机构数量(家)	143	14	67	10	76
机构数变化量(家)	129	-53	57	-66	66
持仓量(万股)	64552.66	54595.25	53472.25	51760.53	53377.00
持仓变化量(万股)	9957.40	1123.00	1711.73	-1616.48	2423.49
持仓市值(亿元)	65.97	37.83	31.01	27.80	31.55
持仓占已流通A股比例(%)	48.50	41.02	40.17	42.66	43.99
持仓变化量占已流通A股比例(%)	7.48	0.84	1.29	-1.33	2.00

【按机构类型汇总】

指标/日期	2020-06-30	2020-03-31	2019-12-31	2019-09-30	2019-06-30
基金家数(家)	138	9	62	5	71
基金持股(万股)	14675.09	4678.92	3402.90	2347.62	3994.12
占流通A比(%)	11.03	3.52	2.56	1.93	3.29
QFII家数(家)	---	---	---	---	---
QFII持股(万股)	---	---	---	---	---
占流通A比(%)	---	---	---	---	---
保险家数(家)	---	---	---	---	---
保险持股(万股)	---	---	---	---	---
占流通A比(%)	---	---	---	---	---
券商家数(家)	---	---	---	---	---
券商持股(万股)	---	---	---	---	---
占流通A比(%)	---	---	---	---	---
社保家数(家)	---	---	---	---	---
社保持股(万股)	---	---	---	---	---
占流通A比(%)	---	---	---	---	---

　　金螳螂就属于不一样的情况，尽管券商同样将其列入装配式建筑推荐标的，机构却并不买账，基金的确买入不少，但是机构总持股情况并没有什么变化，股价也如机构买入情况一样，只微微上涨了20%左右。

【按全部机构汇总】

指标/日期	2020-06-30	2020-03-31	2019-12-31	2019-09-30	2019-06-30
机构数量(家)	146	17	203	14	202
机构数变化量(家)	129	-186	189	-188	174
持仓量(万股)	164864.74	163719.85	164602.62	162177.17	166360.71
持仓变化量(万股)	1144.89	-882.77	2425.45	-4183.54	7365.89
持仓市值(亿元)	129.58	134.41	145.18	147.09	171.52
持仓占已流通A股比例(%)	63.28	63.06	63.41	62.80	64.42
持仓变化量占已流通A股比例(%)	0.44	-0.34	0.93	-1.62	2.85

【按机构类型汇总】

指标/日期	2020-06-30	2020-03-31	2019-12-31	2019-09-30	2019-06-30
基金家数(家)	139	10	196	5	193
基金持股(万股)	8889.33	6419.61	12697.54	3945.27	10813.37
占流通A比(%)	3.41	2.47	4.89	1.53	4.19
QFII家数(家)	1	1	1	1	1
QFII持股(万股)	6829.70	6829.70	3257.17	3257.17	3257.17
占流通A比(%)	2.62	2.63	1.25	1.26	1.26
保险家数(家)	---	---	---	---	1
保险持股(万股)	---	---	---	---	1752.06
占流通A比(%)	---	---	---	---	0.68
券商家数(家)	---	---	---	---	---
券商持股(万股)	---	---	---	---	---
占流通A比(%)	---	---	---	---	---
社保家数(家)	---	---	---	1	1
社保持股(万股)	---	---	---	3131.12	2546.39
占流通A比(%)	---	---	---	1.21	0.99

通过对装配式建筑行业的回顾，再次表明了短期股价快速变化的核心推动力是市场主流偏见的改变，而导致市场主流偏见改变的因素其实比较多，可能是产业层面的，可能是政策层面的，也可能是产业和政策结合的，甚至有可能是非经济因素的。而且，通常这些因素在原有偏见意料之外，新的因素变动越快，最终导致的短期股价影响越大、幅度越大。甚至完全有可能从短期的快速变化，演变为一场影响深远的不可逆情景。

人们的思维在应对常规情景时会比较擅长。传统的经济理论、金融投资理论都主要擅长于可持续性分析，对于突变只能是买一份保险（成熟金融市场用期权对冲），对于纯多头策略则只能控制仓位，顺势的时候适可而止。

所以，盈利的关键并不在于一定要自己获取一手信息，搭便车也没什么不好（理解券商的研究或者大量机构的购买行为），核心是在遵循价值投资理念的基础上，辩证思维，采取合适自己的策略，做好极端不利情况的预案。

第 16 章

在三重检验的基础上对仓位、选股和择时进行适当修正

正如前面已经分析的，除了需要对基本面进行分类，和对市场进行不同类型理解，还需要理解市场在具体类别资产上的市场主流偏见，尤其是自己比较感兴趣的投资标的。而最后得落实到基于自身投资风险偏好和以上三种要素所指定的具体投资策略上来。

所以，反身性价值投资策略既需要自身对价值投资的理解，能够有能力圈的深度理解最好，即使没有也要有非常定量化、客观化的基本面划分和市场理解，同时还需要对市场主流偏见有所洞察，不能只停留在自己的一亩三分地里。这样既有自身的理解，也综合了市场群体对基本面和市场的长期的、动态的理解，就可以形成辩证思维、双向反馈了。而最终，就可以形成既有长期逻辑，又兼顾短期动态；既有持续性、稳定性的线性思维，又兼顾偶然性和突变的复杂性思维。

最终还依据自身风险偏好，制定具体的投资策略。事实上，如果是机构，就可以制定不同策略下的产品设计；如果是个人就可以制定属于自己的投资策略。而既然说属于自己的投资，那么如果随着时间推移，自身对基本面、对市场、对投资者、对自身风险偏好也在改变，那么自身的策略其实也是在变化的。

而投资策略的具体实施还是离不开仓位管理、选股和择时系统，更具体的还有分散持股、分批买入、加减仓等战术问题。

初看起来，似乎违背了价值投资的长期原则。但是，如果你的资金是长期资金，可以投资30年，投资目标只是为了保值增值，那么就可以将以上三个因素进行适当调整，比如选择的企业是超级盈利的企业，净资产收益率和业绩增速以及长期成长空间均一流的公司，同时可以对估值和市场背景稍稍放松，也放宽对个股回撤的考核要求。通过调整，那么自然持有期限会变成长期。

所以，反身性价值投资与长期主义并不矛盾，落实到具体的个人自然就形成了特色鲜明的价值投资了。事实上，成功的价值投资大师多有差异，但之所以成功，并不是因为价值投资理念本身，而是大师们对基本面、市场面、投资群体都有深刻理解和洞察，同时一贯采取了符合市场运行逻辑和适合自身诉求的投资策略，并且经得起时间的考验，从而成就非凡。而一味模仿大师，则肯定在实际运用的时候会栽跟头，因为照搬照抄肯定不行，必须实事求是，具体情况具体分析。

16.1　市场仓位和自身仓位

市场的位置已经表明了整个市场的仓位了。比如，市场短期快速上涨，其实就表明市场在快速加仓，加速把现金配置到股票资产。而自身仓位就需要根据市场阶段、对净值曲线的管理要求进行再调整。换句话说，自身仓位需要结合市场仓位（市场运行阶段）以及自身的要求进行调整以实现有效的投资策略。

但在形成策略之前，先对市场运行阶段和市场仓位进行详细讨论。如果市场的运行非常缓慢且平稳上升，其实并不一定表明市场的仓位在增加，可能只是正常的定价行为；如果市场短期快速上升或者下跌，则表明市场短期在快速调整仓位，这个时候通常需要引起重视。明白了第一点，就会知道，很多股票持续且稳定地上涨，并不一定马上会泡沫破裂，因为其内部持股结构非常稳定，牢固性还在加强。比如最近几年的白酒板块、医药板块，以及一些核心资产。

第二点就需要我们也跟随市场的节奏调整仓位，比如短期快速上涨的半导体板块、券商板块、军工板块等，它们通常是因为短期的市场主流偏见、基本趋势等转变导致市场调整组合的结果。这就需要我们进行短期快速反应，决定是否参与，参与了考虑及时退出。

市场的仓位还可以通过基金持仓图来表达，毕竟决定行情大方向的主要力量还是机构，而基金是机构的"机动部队"。所以，我们可以根据基金的持仓与板块的走势来进一步验证我们的推断，从而为下一步投资决策提供参考依据。

16.2　市场选股和自身选股

市场的主流板块和核心资产就已经表明了市场的选股。比如，过去几年的核心资产持续上涨，并且回撤幅度相对同行业也较小，如果把这类企业进行归类，其实能发现市场选股的共同特征是偏好大消费行业还是科技类，是偏向行业龙头还是小盘股等。很多投资人一味喜欢重组股、次新股、小盘股或者新兴产业等，由于人的习惯特性，总是存在着明显的偏好。

再比如，有些人喜欢低价股，那么会发现这几年涨得好的，却是高价股。还有做因子选股的，有些人喜欢高盈利能力的股票，有些喜欢高成长的股票，结果发现那些涨得好的核心资产成长性不一定满足要求，而有些盈利能力强的成长性又会不足。

不要总是从自身出发，可从市场出发，先理解市场。市场其实很多时候已经在帮助我们进行选股了。在选择大牛股那部分就已经表达了一条：你认为好的股票和市场认为的好股票、机构认为的好股票其实是两码事。那些拥有强大基本面和投资逻辑的股票，机构往往也会争相参与；那些朝阳行业的，但竞争优势不突出且盈利能力差的、成长性不足的，往往也难以吸引机构持续加入。所以，一方面不好的股票，其股价走势也能够表明基本面特征，另一方面，其股东结构也没有表明机构持续加入。

通过基金行为研究，在基本面那一部分已经可以辅助我们进行价值投资的选股了，通过这一部分则可以帮助我们进行市场行为的分析。在市场主流偏见那一部分则是表明要充分利用券商的力量。换一句话说，我们要充分借助外部力量，充分利用外部的研究成果和投资决策线索。不要只从自身出发，要打通市场的门户。

试想一下，你发现了一个板块、一家企业、一个即将展开的市场行为，而整个市场的主要力量、主流观点都不支撑；或者，你完全忽视整个市场的主流板块、主导行情的核心资产、市场运行的背景，你完全按照自以为是的节奏在投资。这两种情形都表明存在明显的偏差。要么你是对的，市场错了；要么市场错了，你是对的。

无论谁对谁错，都表明存在需要调整的巨大空间。如果的确你是对的，坚持自我，可能短暂偏离市场的主流行为，市场逐步认同你的观点，那么你将获利巨大；如果市场是对的，你错了，那么如果通过市场的行为能够意识到这一点，并及时修正自身的观点和调整自身投资决策，那么也能够减少亏损，并走上盈利之路。

总之，传统的价值投资理念，就是完全忽视市场的行为，只有自己和基本面的单线联络，如果机械地坚守长期主义，那么要么巨亏，要么大赚；纯趋势投资，就是完全忽视自身的观点，一味认为市场就是对的，不断调整自身来适应市场，导致没有了自身的独立判断，其结果就是在市场都没有明确的方向时，被市场左右打脸，导致在震荡的市场里反复折腾，甚至丢弃了优质企业长期带来的巨大回报。

而反身性价值投资，由于加入了主流观点，构成了一个完整的反馈环，那么一方面可以与市场对话，另外一方面还可以借助外部力量（基金或者券商）。从而，在自身处于明显优势的情况下，坚持自我；在自身处于劣势的情况下，理解市场，跟随趋势，在控制风险的前提下，最大化自身利益。

第 17 章

成为参与者才更具有发言权

对于以贵州茅台为代表的核心资产，券商的研究是非常充分的。他们整理了非常全面的事实数据，信息非常透明。这就是说，在任何一个时间节点上，公司基本面信息对每一个市场参与者都非常对等。所以，也就不会存在个人投资者与私募、公募等机构信息差别大的问题。但我们很多投资者也参与过大白马股的投资，也曾经买过贵州茅台等优质企业，为何取得的投资成绩差异那么大呢？主要还是思维方面的影响，也就是投资理念、投资策略，甚至上升到投资哲学的差异。

怎么才能降低这种差异呢？其实可以采用一种"先投资后研究"的投资策略。

"先投资后研究"，即基于对标的公司基本面长期投资逻辑的肯定，就是先接受其是"理想型"，然后继续关注其基本面的发展方向。当然，如果标的公司短期股价涨多了、估值不便宜了、业绩增速放缓了等，我们可以在接受其长期投资逻辑下，在参与时，将仓位保持得低一些。

如果想明白了这个环节，对于信息极度透明的标的，"先投资后研究"很有可能要比"先研究后投资"高效得多。因为"先研究后投资"看似是一种非常负责任的态度，其实也存在很多缺陷，如苦心研究的标的未必就会上涨，同时没有覆盖到的却已经持续上涨到了高位。

另外，如果总是想寻找基本面好且估值便宜的公司，难免会放弃一线龙头而选择了二线标的，因为绝大多数时候，真正的好公司不一定便宜。如果先接受"是"，顺着市场的逻辑梳理一遍，并先参与一下，可能就会打通市场认知的缺陷，更早地完善自己的投资体系，而不会那么教条式投资。

当然，"先投资后研究"不等同于投资后就完全赞同市场的逻辑，更不是投资后就不管了。而是需要辩证思维，一旦参与了就需要在理清市场运行逻辑的基础上，反过来思考——难道真的不会高估吗？难道业绩真的可以持续增长吗？难道外部因素真的对公司没有重大影响吗？换句话说，先肯定其"是"，然后进行自我的"否定"，其实更加科学。如果不进行自我的"否定"，一味地认为标的公司就是对的，那么一旦回落，难免就会慌乱，因为在这个过程中完全没有自己的思考和判断。

要想实现投资的持续盈利，除了需要做好研究工作，有事实作为依据，更重要的是进行自我投资理念的完善，投资哲学的升级。这样才能发现牛股，同时真正捕捉到牛股，持续获取投资收益。

投资有些时候需要向内而求，而不是一味地向外寻找。比如，完善自身的投资流程，做好完备的风险控制措施，适当控制自身追求投资收益的欲望等，这些都是决定投资成败的关键因素。选择的标的一定会是下一只大牛股，进入市场后就立马来了大牛市，重仓的时候就立马大涨，空仓出来后市场就大跌，这些都是奢望。

我们需要的是理解市场的无常，接受市场的诸多偶然性和突变性。在不断变化的市场现实里，做到心中有数，做好各种预案。那么在做投资决策的时候才能够做到尊重现实、尊重市场，才能够真正客观、理性地做好投资决策。

市场也在极力构造假说，那些通过了的假说得到加强，反之则被修正。换句话说，作为个人，可能停止了对市场的预期，而且得到的信息也可能是局部的，解读也可能是片面的。甚至，作为参与者，由于有盈亏，有业绩比较等非理性因素掺杂其中，往往给理性看待市场添加了干扰因素。但是市场综合了所有参与者的预期，而构成这些预期的主要因素还有基本面因素在里边。所以，我们可能只从自身的投资理念来理解公司、理解行业、理解市场，只用自己熟悉的策略应对市场。

而市场一直在运行着。那么就可以先投资后研究，甚至利用被动指数型基金和灵活配置型基金等金融产品，不一定只关注个股。个股的收益高于基金，但是其风险也高于基金。而如果从单只的股票视角转移到更高维度上来，有些时候就会看得更加清晰。

　　但是，市场也并不总是有明确的方向，这个时候最好什么也别做。对于没有深度研究的投资人，可以等市场明朗后再做决断，这可能会损失一部分收益，但完全是值得的。只在看得懂的市场做投资，这跟以价值投资为向导只在确定性强的标的布局是一个道理。

　　市场还是一个很好的反馈机制，我们一方面极力理解基本面，一方面理解市场，但是由于我们是参与者，而市场还是裁判，决定着我们的盈亏。所以，得好好利用市场的反馈机制。

第 18 章

充分利用投资顾问——券商和媒体的力量

一种模式能够实现商业化，那么提供这种服务的机构常用的手段是向尽可能多的客户提供几乎相同的产品或服务，券商也不例外。不得不承认，券商在链接产业界和市场买方群体方面发挥着重要作用。但是，如果完全听取它们的投资建议，一定令人失望，但是它们在梳理行业投资逻辑，锁定行业地位前列的企业，以及向众多买方机构宣传方面的确有其重要的价值。

反过来思考，如果你选择的公司，居然没有一家券商覆盖，只有你一个人觉得非常有投资价值，那么可能你与市场主流声音存在巨大的差异。这个时候，如果你也承认你处于信息的劣势端，你对产业、对公司的理解也处于劣势端，那么你最好放弃自己的观点，因为这完全可能只是你个人的一厢情愿。

同时，如果这个板块已经过分上涨，基金也高度参与，券商的报告也是满天飞，股价居然不是继续上涨，而是在高位摇摆不定，这个时候，你继续以券商列举的所谓前景为投资决策，同样值得警惕。因为，这些信息已经完全反映到了股价上面，且有机构开始出逃的迹象，这个时候获利盘太多，再好的消息，也难以吸引更多的机构参与。

所以，我们对于券商的分析、媒体的报道，需要结合市场运行的阶段，结合自身对基本面的把握能力以及自身的风险控制要求来灵活处理。换句话说，哪怕券商把公司基本面的前景描绘得非常吸引人，股价也高高在上，我们也不排斥，只要这一趋势还在继续，对于小资金的投资人，也是可以灵活参与的，只需要明白市场运行的阶段和做好风险控制预案即可。

对于机构而言，券商所发挥的价值就更加直接了，券商几乎能够实现面对面、一对一基本面动态解读，一方面能够实时的将基本面动态传递给机构，另外一方面券商会将接下来值得重点布局的标的推荐给机构。这样市场的温度得以通过券商进行传递。

正因为如此，券商不是被动地按照既定事实来推荐标的，而是积极地参与市场主流偏见的构造。虽然，券商研究员不直接参与市场的买卖，但是由于其巨大的影响力，以及充分发挥着主观能动性，导致在理解市场行为的时候，券商的力量成为无法忽略的因素。

　　券商分析师对行业研究通常比较深入，与其覆盖的行业的上市公司有着较为紧密的联系，对上市公司相关信息的获取较普通投资者来讲更为及时。随着卖方研究行业的日趋成熟，卖方分析师的研究报告总数已经稳定在年均4万篇以上。在券商深入研究方面，经过历史分析能够发现，行业同质化越低，比如TMT行业，战略性新兴产业等，券商分析师的影响力越大，这方面大概也与投资者对科技类、新兴产业的理解门槛，基本面跟踪难易程度，以及产业变化较快有很大关系，而在传统行业，同质化很高的行业，券商的影响力就会弱很多。

　　但是，不论怎样，券商对上市公司的覆盖力度，尤其是优质企业的覆盖力度，这种优质企业哪怕还没有体现在财务指标上，但只要拥有一个广阔前景的市场，处在一个朝阳的行业，券商分析师的覆盖力度是非常大的。总的来说，券商分析师对于高盈利能力、低估值、高成长等我们非常青睐的优质企业几乎都覆盖了。

　　所以，这其实又从卖方分析师的视角给予我们很好的选股和投资决策参考依据。一方面，为了降低投资的风险，避免信息不对称可能导致的巨大风险，应该选择有券商分析师覆盖的标的；另一方面，对于我们自身观点的修正有益。比如你从财务的视角可能发现不了这家公司具有什么价值。但是，这家公司持续上涨，并且是有券商分析师持续推荐，那么很可能是公司的基本面或者公司的投资逻辑发生了重大改善，这里存着这你不知道的重要信息。那么就应该引起重视，进行深入研究，可能就存在较大的投资机会。

　　重视媒体的声音，尤其是官方媒体。因为记者能够深入一线，能够对当事人和相关专家进行采访。重视媒体的声音，并不是一看到利好的消息就买入，看到利空的消息就卖出。而是需要从中提取有用的信息。明白哪些是数据，哪些是观点。不是评判观点的对与错，其实很多时候错误的观点更有价值，因为这很可能代表着市场主流的声音。比如2015年的时候上证指数上涨到了4 000点，主流的观点大呼牛市来了，而通过我们的分析可以得知，股市可以赚钱的时候，往往是牛市的中后期了，是需要小心的。2020年7月份，上证指数再次连续几日大涨数百点，一举突破了3 000点，市场又大呼全面牛市开启，结果过了几日，市场就阶段性见顶了。

事实上，消息是无法避免的，需要正确看待消息。看它们是如何解读市场，有经验的投资人有自己独到的理解，还可以从中发现观点与市场实际运行的偏差，充分利用起来。

第 19 章

在市场预期发酵的初期
逐步切入

通过前面几个部分的分析，我们对基本面特征、基本面运行的阶段、市场运行的阶段、市场主流偏见以及具体投资策略需要注意的问题都进行了探讨。而落实在最后的盈利方面，实现超额收益方面，我们还是应该做到该出手时得出手，适当扩大利润。

我们会发现，在市场已经处于非常明朗的环节，是难以实现超额收益的。但是这个环节，也是快速实现盈利的时候，尽管超额收益比较难。但如果我们能够领悟到市场的主流偏见，能够做到适可而止，那么也能避免巨大的回撤。这样在市场疯狂后的暴跌阶段，我们则完全可以避免，那么这个环节就会保住胜利的果实。

同时，我们发现市场是按照很多结构在运行的，比如行业轮动、风格轮动等，这些都是值得注意的信号。不能只是按照大势来做决策，目前已经过了所有板块、所有个股同涨同跌的时代了，未来分化将是常态。但是分化也未必是所有个股没有共同的系统性因子，系统性因素总是存在，所以按照结构的思路可以很好地把握住这部分收益，同时也能够提醒自己这部分风险。

不要一开始就追求阿尔法收益，阿尔法体现在方方面面。挖掘未知的基本面因素只是决定投资超额收益的一个方面而已，而且是很小的方面，更多的是投资理念的成熟度，投资流程的完善和良好的情绪控制能力。需要内外兼修，方能持续稳定实现超额收益。

在拥有系统性或者结构性机会的时候出击。

从自下而上的逻辑出发，总是难以对时机进行很好把握。总是认为时间是好生意的朋友，好的东西长期会实现均值回归等，但是好的生意难道会持续，均值回归难道不会因为持有的标的质地变差而失去了均值回归的基石吗？当然，如果运用组合投资的思路持有一批好生意的公司或者低估值的好公司，长期来看应该是不会错的，但是对于时机的把握依然是回避的态度。换句话说，经典的自下而上的价值投资逻辑擅长把握长期、持续稳定的基本面，而对于动态的基本面突变，尤其对于市场时机的把握显得似乎苍白无力。

　　然而，我们其实熟知不少经典的择时模型，比如美林时钟的投资时钟，比如基于行情景气周期的择时模型，以及基于牛市背景下的戴维斯双击模型等。换句话说，无论是宏观、中观还是微观我们都是有择时模型的。甚至抛弃基本面，完全从行情视角，那么趋势投资模型更加拥有非常完备的择时体系，并将这一套择时体系融入交易系统中。所以，不论是从组合投资、价值投资，还是趋势投资的视角，时机的把握总是有理念做支撑的。

　　那么，从价值投资的视角上来说，自上而下的选股逻辑其实就是一个先有时机后选股的思路。时机在先，因为先从中观出发，先选择行业景气度高的，或者行业稳定增长的，然后再选择其中具有竞争优势的一批企业。那么行业处于景气的阶段就是一个大的时间背景，而且是跨度比较长的、持续数年的时间背景，这个背景犹如盛夏，而处于这个时间周期里的企业犹如处于盛夏的各种树木，然后自上而下投资就会选择生长最茂盛、最强壮的树木。

　　另外，抛开投资时机，从证券选择的层面还存在一个疑问，既然有一个自下而上的选股逻辑了，为何还要一个自上而下的呢？其实这表明了许多证券选择是无法仅从微观的企业层面来把握，而中观的视角其实是能够很好弥补企业层面的不足，而其中一个最大的不足就是系统性机会或者结构性机会来临的时候，光靠微观层面也很难挑选最佳的标的或者组合。

　　组合投资理念其实已经给了比较好的解释，比如高贝塔标的、高波动性标的或者小市值标的等，在时机来临的时候，比低贝塔、低波动性、大盘蓝筹股能获得更多的阶段性收益。

　　投资者不是被动地对企业价值进行反应，也不是在任何时候都保持同一种风险偏好。事实上，当央行大幅放水，经济流动性充足，或者牛市氛围下，投资者也会加大权益资产的配置，甚至会加大高风险的权益资产配置，所以这个时候也是黑马频出的时候。而如果是在市场环境不佳，投资者整体风险偏好较低，那么即使最佳的企业，其股价估计也难有起色。难道是投资者对最佳的企业前景不看好，显然不是，而是投资者不仅对企业的长远进行预期，也更加受到当下的许多限制。比如当下的债务负担，收入和支出状况等，甚至是短期的市场情绪等。

以上统统表明，市场的机会并不总是出现，这一点其实从现实情况中可以得出。证券市场常常呈现出一定的周期性，牛市过后必然会有熊市，暴涨过后随之而来的也是暴跌。所以，当系统性或者结构性机会来临的时候，一定要重仓出击，这是对市场动态把握。

在市场预期的初期，由于市场刚刚经历了一轮暴跌，市场情绪相对低迷。这个时候，通常会有结构性的机会出现，而整个指数完全可能还在底部趴着。这个阶段进行行业比较可以将优势发挥得淋漓尽致。市场也需要找一个出路，尽管看起来前景很不明朗，行情会有所反复，但确是快速体现投资者差距的阶段。

始终紧盯行情的主线，紧盯超强阿尔法标的，那么可以将中长线思路贯彻到底。因为短期谁也说不准，结构性的行情能够持续多久，其实通过对各板块、各标的的属性研究是可以有一个适当预估的，可以预估是短期脉冲一下，还是中期爆发一段时间，抑或是能够成够引领整个市场走出一波波澜壮阔的行情，这些预期只需要通过届时市场预期，以及基本面属性就可以得出一二。

那么唯一担心的就是整个市场的系统性风险。对于这点则可以利用反证法，只要整个市场指数不创阶段性新低，那么就可以假设系统性风险警报暂时解除，至少表明整个市场处于阶段性震荡的行情。那么，必然会存在一些结构性的机会。所以，寻找结构性的机会，参与结构性行情所担心的系统性风险就被排除掉了。

但是，参与结构性的行情所选择的具体标的最好是领头羊标的。这个时候通常存在一个矛盾，细心的人可以好好利用，而不加区分的人常常会被搞晕。比如，结构性标的的领头羊与这个板块的基本面长线龙头标的不匹配，那么可能表明这个结构性的机会只是中线的机会，而买入不一定要买基本面的龙头，而是应该运用中线思维买入当下的领头羊。而如果领头羊和龙头标的相匹配，或者领头羊和龙头标的的基本面特征非常接近，走势相关性也非常高，那么就可以假定是一个中长线的投资机会，就可以放大头寸参与进去了，而且可以享受较长时间的投资收益。

第 20 章

在市场不明时保持轻仓，
甚至空仓的定力

　　空仓是需要定力的。在现代投资组合理论背景下,无数统计数据显示,在资产配置、证券选择和择时方面,资产配置是决定长期收益率的核心因素,证券选择其次,择时往往还是提供负收益。但是纯股票多头就牵扯到仓位管理、证券选择和个股择时。这就表明,仓位管理,也叫资金管理的重要性了。如果一直全仓在里边,分散的话,其实获得的收益跟指数相关性很大,无非是在各种风格之间做一个调整,那么也只是获得行业选择或者风格选择的指数增强收益而已。

　　所以,仓位管理其实是非常重要的。无论是海外还是国内,通过资产配置、证券选择和择时的实证结果均表明资产配置在决定长期收益水平中具有核心地位。而资产配置的概念在国内,尤其在中小投资者中似乎还没有很好理解,但是不得不承认证券市场的周期性特征。

　　所以,接受资产配置的重要性,那么也应该接受纯股票市场中仓位管理的重要性。因为仓位其实就是股票资产和现金(无风险资产)之间的转型。大类资产配置的思想就已经体现了市场在不同时期其实不同资产的收益和风险是不一样的,正因为如此,需要在权益类资产和固收类资产间进行平衡。由于纯股票多头,无法把权益类资产转移到固收类资产来进行系统性风险转移,那么只能转移到安全资产,也就是现金,也就是需要进行仓位管理。纯股票多头策略进行仓位管理跟大类资产配置的思想其实是一致的。

　　我们并不反对长期权益类资产的绝对配置地位,但是也应该接受其风险性。作为积极的、主动的投资人,既要有战略性思考,也必须拥有战术性考量。战略性的思考是一种定力、一种信仰,而战术性考量则是一种着眼当下、注重实际情况、具体问题具体分析的客观态度。很多投资人不是没有长远的战略性思考,而是没有灵活应对当下被现实抛弃了。当然,还有一类是放弃了战略性、长远性的思考,完全迷失在当下的细节之中,两者都是比较悲哀的。

　　市场并不是在任何时候都有特定的方向,而且从基本面出发,也能够非常愉快地理解这种情况。对于想获取长期超额收益的主动投资管理人,就应当做到明白市场运行的阶段，至少熊市是一定要极低的仓位，甚至是空仓的，这几乎是确定无疑的。

还有一种类型，也就是市场风格非常混乱。这个市场处于震荡之中，对于捕捉大趋势的投资人，一旦参与进去，就受损出局。那么，也应该在经受了一番损失后，轻仓甚至空仓。又不可能知晓何时震荡行情会演变成大趋势，那么这个时候战术性的技能就能够发挥很好的作用了——分批建仓。

分批建仓是一种战术性的技能，其逻辑来源于对市场的本质性理解——不确定性。市场总是不确定的，市场也在不断试错，市场参与者也在采取猜想与反驳的方式演绎行情。只不过市场的证实方式不一定完全依据客观的事实，而是融合了市场主流偏见的基本事实。其中主要的反馈环节就是行情发展。那些处于市场主流偏见、股价走势和基本趋势相互加强中的，就会处于正反馈的加强阶段，而三者不匹配的阶段，就会得到修正。是加强还是修正，其实在预期发展的初期，不是那么明确。

既然只有相互加强的阶段才能够发展出来大行情，而作为想获取大行情的投资人，自然只有参与其中才行。这就存在一个矛盾，不能提前知道，但是又知道某些行情必然会发展为大行情，那么采用试错法，采用分批建仓的方法，采用加减法策略，才是最贴近现实且安全的策略。数据也表明趋势被修正比加强的次数其实要多得多，二八法则同样可以适用在加强和修正上面。

当然，提高我们取胜的概率还有很多方法，比如匹配原则就是为此而诞生的。不要认为行情向上就有大行情，而是要市场主流偏见、基本趋势和股价走势三者匹配，而且，还要随着时间发展能够继续加强，也就是市场主流偏见会占据整个市场的中心，基本趋势能够加强，股价走势能够加速，这样才能够表明是处于加强阶段，也只有在这个阶段才能够重仓参与。而哪怕一开始三者处于相互匹配的阶段，一方面由于我们没有安全垫，另一方面市场没有发展到建立预期以及三者相互加强的阶段，那么我们都应该只能用试探性方式参与进来。

另外，加强的阶段，尤其是中长线的大行情，不是连续发生的，而是间歇性的。而在这其中其实会存在很多干扰的行情，对于一心想捕捉大行情的投资人，对于涟漪自然是束手无策，甚至会耗损不少盈利。

当然，参与涟漪并不一定表示会亏损。毕竟，对涟漪和大趋势的称呼大多是事后来看的。如果放在牛市背景之下，哪怕基本趋势没有继续加强，但是由于市场情绪高涨，一点市场预期就有可能将行情带上一个大台阶。而如果是在市场情绪低迷的时候，那么三者相互加强，行情也可能走得非常艰难。这点也表明资本市场中短期的行情是多么依靠市场所处的背景，中短期对基本面的依赖是多么微妙。

所以，在市场不明时保持轻仓或者空仓，其实表明了两层意思，第一层意思是继续强调了市场背景的重要性，第二层意思是用战略性视角来看待行情发展，但要用战术性思维来进行操作。毕竟赚大钱是要靠重仓参与大趋势，而不仅仅是判断对与错。判断对的时候，如果重仓参与了涟漪，也是有可能受损的。毕竟前面采用了分批建仓的方式，那么有可能变成了高位加仓。换句话说成本提高了，那么就导致总体仓位受损。

第 21 章

在市场如预期演绎的时候
不动如山，甚至择机加仓

前面已经提到，在市场预期阶段就开始参与，而且是分批建仓。如果市场行情如预期发展，且得到市场主流偏见和基本趋势的相互强化，那么就应加大仓位。当整个仓位都已经建好，且仓位都相对安全，那么就是到了享受收获的季节。

在收获的季节最好的办法就是持股不动，这简直是一句简单得不能再简单的话了。但是，却要交很多学费，其中一个重要的心理作用会作祟——恐惧，而常见的错误操作就是提前下车、落袋为安。

抓大趋势是赚大钱的秘诀，而行情总是波动的，小的趋势总是存在。另外，市场主流偏见、股价走势和基本趋势三者的相互强化，在很多时候还是比较难以定量匹配的。其中波折也是会有的，干扰信号总是存在，只有拿捏好的人才能够不过早下车。

另外一种提前下车是这样的，由于我们所抓的是行情的主线，而整个市场既有走势非常流畅的主线，也有走势一波三折的非主线。非主线板块通常属于行情的跟随者，在被主线板块引领上涨的时候甚至会短期脉冲式地快速上涨，形成第一次对主线行情的信号干扰，让你误以为风格在切换；在非主线板块快速回落的时候，还会导致主线板块震荡回落一下，这会形成第二次对主线板块的信号干扰，让你误以为系统性风险来了，整个市场都要经历一番调整了。然而，只要紧盯主线板块，其实它的走势依然很健康，只是阶段性休整一番而已。只需要等待几日或者几周，就会发现主线板块依然强劲，又会创历史新高。

所以，这种短期的非主线信号干扰，对于经验老到的投资人而言，反而是一次检验市场的有利时机。着眼中长期的大趋势投资人，必须要经受这种信号干扰，只要主线领域自身走势健康，就不必切换，更加不必减仓，甚至在非主线领域第二次干扰结束后的主线板块，继续引领市场行情的时候还可以进一步加大仓位。

不论行情是一直如预期演绎，还是再次通过了检验，都是需要时间的，这就需要投资人极具耐心和经验。比如，对于长线投资人而言，在合适的时机重仓买入卓越的企业，就可以不怎么关心短期的行情波动。而对于中线投资人，则必须要更加动态地留意市场发展的阶段，紧盯主线板块。但是，中线投资人由于融入了市场信号，所以要面临更多的干扰信号。如果处理不好，就很容易陷入不少陷阱，而如果处理得当，就会产生更多的收益，可谓是一把双刃剑。

上面演示的还只是非主流板块对主线板块造成的短期干扰。还有一种是主线板块的切换，旧主线板块进入了修正阶段，但还没有反转，而新的主线板块接过了牛市行情的接力棒。这个时候，中线投资人也需要将仓位从旧的主线切换到新的主线板块。比如2019年至2020年的牛市行情，行情的主线板块就经历了几次大的切换，2019年一季度的养殖板块，2019年三季度的科技板块，四季度的半导体板块，2020年二季度的大消费板块，尤其是疫苗板块，2020年三季度到四季度的新能源汽车板块以及大消费板块。

换句话说，没有参与到主线板块，而是选择了非主流板块，甚至选择了反转阶段的板块，那就会非常糟糕，在牛市的时候也是很容易亏钱的。比如，2019年四季度之前选择了新能源汽车板块，在2019年四季度选择了白酒板块，在2020年二季度后选择了科技板块等，我并不是说选择了这些板块就一定会亏钱，但是哪怕选择了非主流板块中的龙头股，也依然会比较难受。当然，对于长线投资者来说，就必须要接受所投标的阶段性完全不跟随市场上涨，其实长线投资看似简单，却更加考验耐心。

而对于反身性价值投资者，则紧盯主线板块和领头羊个股，那么只需要重点研究这个领域，并且以中期的视角来把握住即可。既然选择了更加积极主动的中线投资模式，就要学会处理好短期的干扰和进行适当中线主线切换。通过历史研究会发现，一轮典型的牛市行情，其实会有至少3个大的主线领域。

要选出来其实不难，只需要记住整个市场周线级别的高低点位置，然后通过行业指数自身的趋势以及行业比较就可以得出阶段性的行情主线。同样的方法同样适用于选择领头羊股票。然后通过主线板块和领头羊股票的证券特征反哺到市场主流偏见的方式进行验证,就可以大大提高操作的胜率和知道以怎样的预期进行操作。

通过这样的方法,在市场预期的早期阶段,没有正确切中行情的主线,而是有所偏离也没有关系。换句话说,市场行情的主线已经表现得相当明显,那么我们也应该切入进去,看似追买,但确实同样有效,只要不是最后一棒,其实也没有太大的风险,毕竟还可以通过战术性分批买入的方式建立比较安全的仓位。

这里就体现出来两个问题,一个是你正好切入了行情的主线,另一个是行情的主线已经相当明显,而你没有参与进来。第一种倒比较好说,坚定持有就好,甚至加仓。第二种的话,将自身非主流的标的换成行情主线上的领头羊标的,但需要逐步切入。

对于第二种情况还是需要说明,由于行情主线能够成立,必然也是整个市场至少不创新低的时候。整个市场的系统性机会是存在的,只是涨幅远远不如主线板块,而当主线板块掉头的时候,往往还会产生整个系统性风险的释放,那么如果继续持有非主线板块的标的,同样面临着下跌,甚至跌回原地的窘况。

因为非主线板块之所以上涨,主要是主线板块引领了整个市场的投资情绪而出现跟随性上涨。从市场主流偏见、基本趋势和股价走势来看,它们三者之间的匹配关系存在着错乱。所以,你会发现,一轮牛市下来,很多跟随性上涨的标的,尤其是基本趋势不强的领域,在整个行情结束的时候,它们会快速下跌,几乎完全吐回牛市上涨的幅度。所以,最好的方法就是,一直紧盯主线板块,哪怕晚了一步,也要继续分批切入。

总　　结

　　投资者的目的首选是获取净值曲线的稳步提升，然后是拥有一定的超额收益。但是，现实中同时满足两者的现成标的其实从中长期来看少之又少。从基本面出发，经济周期、行业周期、企业周期总是存在。从市场出发，牛熊更替、结构性行情也一直成为参与资本市场绕不开的市场背景，这就与我们的目的背道而驰。

　　这种不一致性是常态，但对于积极的组合管理人来说，是挑战也是能力的体现。因为不论从逻辑上，还是从历史上来看，都是有方法可以实现经风险调整后的长期超额收益。反身性价值投资理念正是将长期的价值投资理念同动态的市场和投资策略相结合。

　　可以说，投资的四重匹配原则，是一个投资框架。四个维度成为一个立体的投资模式，如果我们坚持从这四个维度出发，那么就可以很好地与市场融合。

　　但是，无论如何也不能百分之百保证每一次参与都能获利。既要接受市场的不确定性，也要接受随时失败的可能性。选择时机不对、选择标的不对、频繁交易、没有仓位管理策略等，都可能导致亏损，对于有一定经验的投资人而言，明知道错误而继续犯错不仅导致账户亏损，还会导致心理上的责难。

　　为此，最好将能够量化的东西进行量化，这样就可以在规则的约束下，对自身的投资行为形成一种约束力，用纪律来减少随机性操作，使得投资决策流程化。每一项决策都有章可循，只有这样才能够更加科学。

　　可以说，量化的思路、反身性的思想从一开始就融入了我对价值投资理念的理解中。不然也就不会出现反身性价值投资一说。我们要做的就是把投资的核心要素给固化下来，不断进行历史回溯，将好的投资理念、好的策略不断进行历史回撤，然后结合自身的投资目标，不断完善投资体系，最终形成经过消化吸收的、经过检验的自己独特的价值投资体系。所以从这个角度上讲，成功的价值投资者都是反身性价值投资者，因为他们都首先从前辈那里学习价值投资理念的基本原理，然后也都经过了深刻自反思和自否定，而参与到市场之中也都是带有自己独特的理解。

就反身性价值投资理念的总投资策略而言，可以用12个字来概括：多策略、多周期、多品种、强风控，如下图所示。

多策略	持续稳健的基本面标的+持续稳健股价走势（特征：双稳健，持续性极强）	风格偏好+行业偏好+强弹性的股价走势（特征：兼顾强度和持续性）	行业偏好+超强弹性的股价走势（特征：短期爆发性极强，稳定性、持续性差）
多周期	长周期（月线）：适合稳健风格	中周期（周线）：适合拥有极强行业偏好或者风格偏好	短周期（日线）：适合强背景下高弹性标的
多品种	A股、港股通、ETF（行业ETF、海外ETF）		
强风控	仓位（总仓位控制、分批建仓、分批减仓）	选股（兼顾相关性、波动性、回撤等）	择时（严格执行交易系统）

多策略与多周期其实是相匹配的，越是持续稳健的基本面标的和持续稳健的股价走势越适合做长线，这样的企业股价走势其实不会过多受中期的市场风格偏好和行业偏好的切换影响。纵观历史，这类企业不论在哪里均存在一批。它们就是超级大白马股，而大消费类领域则是大龙头绩优企业。但是，只配置长线标的，是难以获得极大的超额收益的，因为这类标的对人们来说已经耳熟能详，但是同样是反身性价值投资必配的一部分。

中周期标的才是获取极大超额收益的重要来源，因为这类标的拥有较高的阶段性强度，同时还不失持续性。它们是企业基本面的重大变化或者产业/行业发展趋势变化带来的投资机会，它们往往能够引领市场走出新高度，行情过后还会被冠上"某某"主导的牛市。

比如2020年下半年的结构化行情，从风格角度来讲就可以被冠上"大盘成长股"牛市，从行业角度讲可以被冠上"以白酒、新能源汽车为主导的结构化"牛市。简而言之，它们是牛市的主线，是投资者获取超额收益的主要来源。如果跑偏了，轻则跑不赢指数，重则完全可能与牛市失之交臂。

所以，多策略和多周期，代表着权重配置的基本倾向，多往长期持续稳健的或者中期引领行情主线的标的配置。而多品种，只是获取这两种收益的投资工具，那么在一定的资金限制下，往ETF配置也不是不可以的，甚至进行全球化配置都是可以的。

而强风控则是战术层面的重要举措，比如，需要留意整个市场发展阶段，对于机构投资人，如果是新增资金额度，还需要考虑自身净值的安全垫。强风控，尤其是事前风控和事中风控已经是战术层面的举措了。

就战术性层面而言，是需要将战略性策略落地，以下三点是需要有计划进行的，而且是短期业绩的主要影响因素。因为，从长期来说，要想获得更多的收益，当然是高仓位配置权益类资产，择时方面则直接按照交易系统进行即可。但是，时间点其实是不可选择的，好在我们可以界定大致行情发展阶段，更可依据风控原则做好控制措施。

（1）仓位上兼顾行情发展阶段和净值安全垫，避免动量反转和投资者情绪高涨导致高波动、高回撤；对于把握市场主线而言，未来总是不确定的，那么可以考虑分步建仓的方式。

（2）选股和权重配置方面继续按照多策略和多周期进行，只需要将风控指标（波动率和回撤）加进去就可以了，在往长中线倾斜的同时，再往低波动性和低回撤标的倾斜，这样可避免短期因为过快上涨导致高回撤带来的不利影响。而在总的分散和集中方面，在行业和风格视角均衡的基础上，向行业偏好和风格偏好倾斜即可。

（3）择时方面，如果很多标的已经过了阶段性初始买点，已经在持有信号阶段了，严格执行长线交易系统似乎有点困难。那么只能动态地按照趋势度和强度来进行买点把握，同时将周期降格，比如原来按照周线的，这次用日线级别来进行辅助,同时严格执行止损规则和卖点。

　　总的原则是,继续保持战略的定力,在战术上稍微分步骤,严格按照交易系统执行到位,严格执行风格原则,在动态中把握中期大机会。

后　　记

　　2021年春节后整个市场便开始了大幅杀跌，这次引领市场下跌的不是别的，正是2019至2020年的市场主线，正是A股过去被认为最有价值的公司。而与此同时，在过去两年牛市中不曾上涨的标的，甚至下跌的板块反而开始上涨，两者形成了明显反差。

　　贵州茅台：四年涨幅接近6倍，这次最大回撤接近23%，是仅次于2018年全面熊市下的回撤幅度。

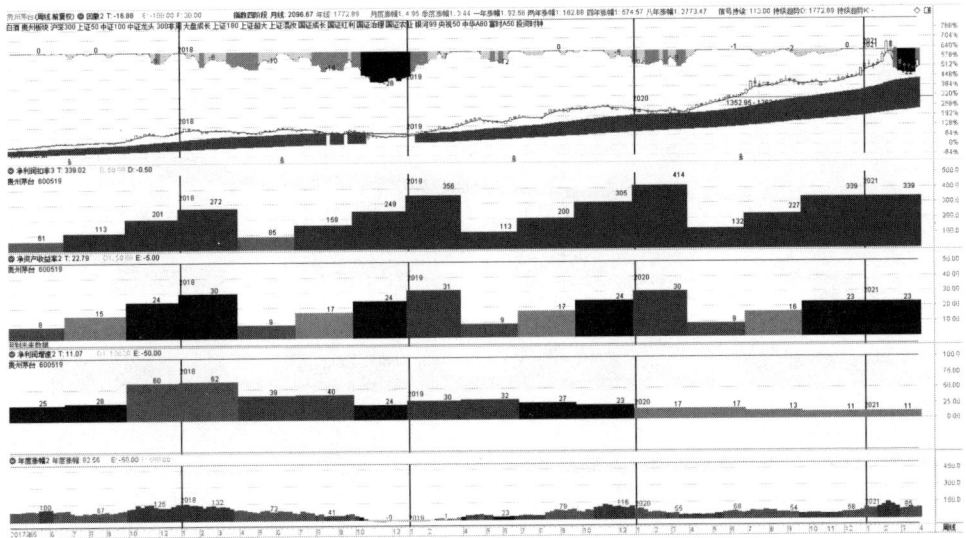

　　爱尔眼科：四年涨幅接近8倍，本次最大回撤达到37.5%，超过了2018年全面熊市的回撤幅度24%。

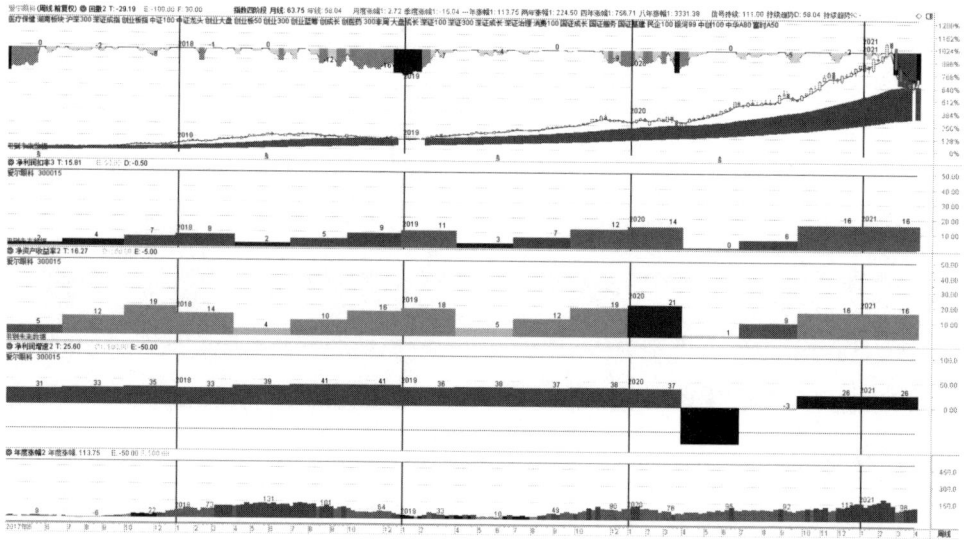

海天味业：四年时间上涨达到6倍，本次最大回撤达到30%，超过了2018年全面熊市下最大回撤23%。

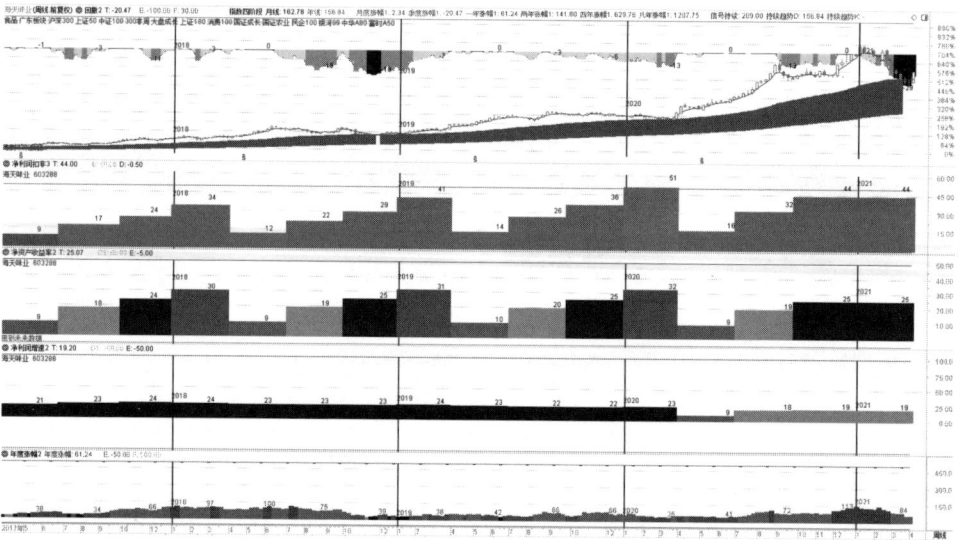

重庆啤酒：四年时间上涨接近6倍，本次最大回撤达到40.87%，超过了2018年全面熊市下最大回撤。

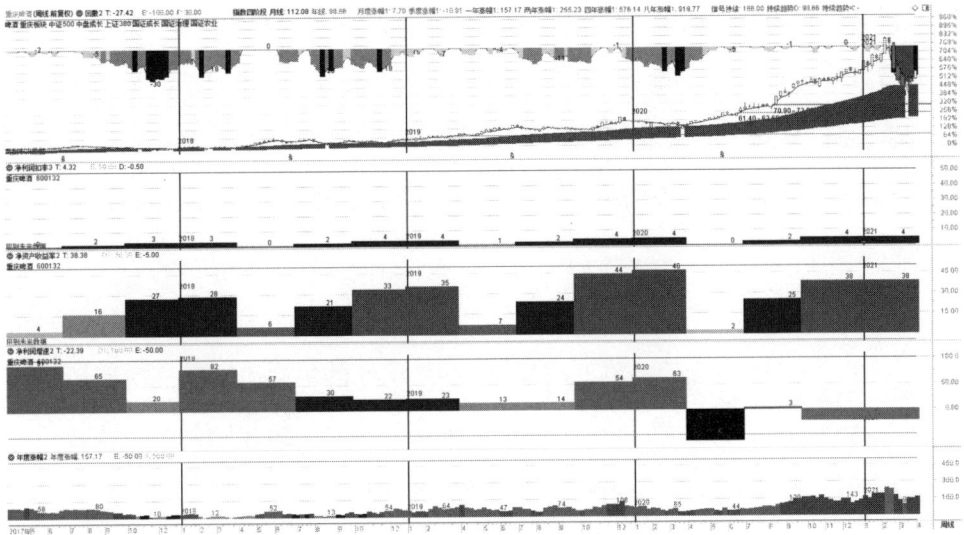

恒力石化：四年涨幅5倍多，本次最大回撤达到38%，超过了2018年全面熊市下最大回撤。

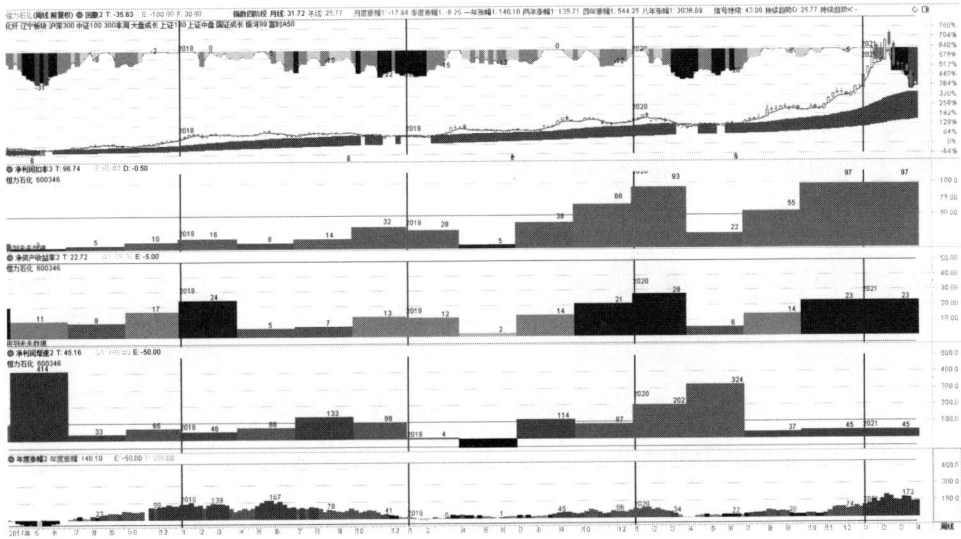

以上只是简单列举了一些各行业的龙头标的，其他行业的核心资产也同样遭受了巨大回撤。

这是否意味风格完全转换了呢？未来行情的主线就转变成了顺周期的领域，而绩优的标的，以新能源汽车和光伏等为代表的成长性行情就完全反转了呢？抛开短暂的风格切换，过去主流板块的风险释放，从基本面视角出发，我们可以发现春节后和春节前绩优的标的和成长性板块依然如此，变化的是整个宏观层面的因素，是全球对于经济复苏、对于通胀的预期、对于可能提高利率的预期等宏观因素导致了权益类资产的风险释放，正因为如此，风格才从成长性风格向价值型风格转变。

所以，在我们讨论行情主线的时候，时间维度拉长，总会在某个时刻遇到系统性风险。当系统性风险来临的时候，哪些结构性的机会可能面临快速风险释放，对于股票多头策略，唯一的方式是设定风控标准，比如，回撤多少就必须减仓。这并不违背价值投资的原则，也是价值投资理论的灵活策略，将理念和策略进行区分是完全有必要的，毕竟所有都是为投资目标而服务的。

只需要等到系统性风险释放完毕，就可以继续运用四重匹配的原则使用选股、择时、权重匹配、仓位管理等战术性策略。从这个视角讲，并不一定要排斥行情的主线就转向价值股。猜想与反驳的思路可以继续运用起来，如果经济快速复苏，通胀继续抬头，价值型板块继续创历史新高，成长性板块继续徘徊不前甚至下挫，那么市场主流偏见、基本趋势和股价走势都表明了风格的转向。如果成长性板块止跌回升，价值型板块徘徊不前，经济复苏缓慢，通胀预期不够强烈，那么整个市场还可以继续延续原来的风格，只是可能到了中后段了。毕竟复苏的预期、通胀预期已经成功预演了一次。

市场总是不确定的，对于出乎预料的情况，我们只能够通过风控标准来进行管理。而一旦市场预期进行到一个相对有序的阶段，那么匹配原则就能够发挥很大的作用，可预期、可展望的因素得到加强，市场主流偏见、基本趋势和股价走势也会得到加强，那我们只需要在这个阶段做好投资管理，提升收益即可，而在不确定的阶段，做好防守措施，这样也是可以的。

换句话说，在某些阶段，会存在连市场参与者也看不清的风险，都在做防守的动作，那么对于普通投资者我还是建议同样保守一些，留得青山在不怕没柴烧。毕竟,我们每个人可以使用的资金是有限的,亏损过大则容易伤筋动骨,将净值回撤控制在一定范围之内是完全有必要的。

可以说,真正的价值投资者既是长期坚持者,但同样是风险管理大师。如果只抓收益,没有风险意识,那么一定难以持续。而投资是一场长跑运动,只有稳健才能够长远。而本书倡导的投资四要素匹配法,主抓基本面绩优龙头标的、行情主线板块和领头羊个股,投资策略和市场主流偏见相结合等基本原则正是获取长期超额收益的法宝。

同样应该肯定的是,从长期来看投资优质的企业是能够获取超额收益的,我们应该有风险意识,也要参与。对于个人投资者,比如制定三年、五年甚至更长的投资规划,然后树立好风险防范意识,比如,有计划地买入,回撤超过20%～30%才出局,市场风险释放完毕再进场。有进有退,坚守基本原则,相信一定可以取得满意的投资成果。